LEBRON JAMES
Biografia di una superstar dell'NBA

Adrian Almonte

Copyright © 2024 by Rivercat Books LLC

All rights reserved.

No portion of this book may be reproduced in any form without written permission from the publisher or author, except as permitted by U.S. copyright law.

CONTENTS

Introduzione	1
Capitolo 1: Un ragazzo di Akron	3
Capitolo 2: Scuola superiore St Vincent-St Mary	7
Capitolo 3: Con la prima scelta del draft NBA...	12
Capitolo 4: Un uomo dalle molte squadre	16
Capitolo 5: Il G.O.A.T.?	46
Capitolo 6: Più di un atleta	48
Capitolo 7: Cosa succederà a LeBron James?	55
Conclusione	57

INTRODUZIONE

Tutti nel mondo conoscono il nome di LeBron James. Non importa se non avete mai guardato una partita di basket in vita vostra o se è la vostra più grande passione, sicuramente conoscete l'uomo soprannominato "King James".

Se vi siete mai chiesti come LeBron sia arrivato al successo, se avete pensato da dove venisse e cosa lo abbia portato alla superstar mondiale, allora vi siete trovati nel posto giusto. Questo libro vuole delineare la vita e i tempi di LeBron James. Tratterò di tutto, dai suoi primi anni di vita al periodo sotto i riflettori e tutto ciò che c'è in mezzo.

LeBron è ancora oggi una superstar dell'NBA. Continua a battere record di schiacciate e a farsi un nome. A prescindere dall'età, è ancora uno dei migliori giocatori al mondo. È un uomo che proviene da umili origini ed è diventato famoso molto presto. Prima ancora di finire le scuole superiori, era già un punto di riferimento nazionale e la gente aveva gli occhi puntati sulla sua carriera. LeBron ha sempre dimostrato un grande talento nel campo della pallacanestro ed è stato riconosciuto come un talento supremo fin dall'infanzia. Quando ha iniziato gli studi secondari, è stato considerato come una star che un giorno sarebbe diventata grande. È diventato la prima scelta del draft NBA e ha avuto una carriera di grande successo.

LeBron James è anche una personalità a sé stante. Non è conosciuto solo per il suo tempo in campo, ma anche per quello che fa fuori. È un attivista e filantropo. È fieramente orgoglioso della sua città natale e sfrutta ogni occasione per sostenere la sua comunità e per evidenziare i bisogni delle persone svantaggiate. È un imprenditore e ha oltre 100.000.000 di follower su Instagram. Ciò significa che milioni e milioni di persone osservano ogni sua mossa e sono interessate a ciò che ha da dire.

Nonostante il suo enorme seguito, James è anche un uomo incredibilmente riservato. Nel corso della sua carriera ha fatto in modo che nessuno conoscesse la sua prossima mossa. Non parla pubblicamente del suo futuro e questo porta a molte speculazioni su ciò che farà in seguito.

È una persona infinitamente interessante. Ci sono così tanti piccoli dettagli che catturano l'interesse del pubblico sulla sua vita, e LeBron sarà sempre ricordato come uno dei più grandi giocatori di tutti i tempi. Forse anche il più grande ad aver mai giocato nell'NBA.

Unitevi a me nell'esplorazione della vita di quest'uomo affascinante.

CAPITOLO 1: UN RAGAZZO DI AKRON

LeBron Raymone James Sr. è nato il 30 dicembre 1984 ad Akron, Ohio. Sua madre, Gloria Marie James, aveva solo 16 anni al momento della nascita. La conoscenza esatta di chi sia il suo padre biologico è contestata, anche se non c'è dubbio che LeBron non abbia mai avuto una figura paterna nella sua vita. Questo significa che Gloria ha cresciuto il figlio da sola. La prima infanzia di LeBron è stata difficile. È cresciuto nei quartieri poveri di Akron e si è spesso trasferito da un appartamento all'altro. Hanno vissuto fino a sei posti diversi all'anno. Non proveniva da un ambiente ricco o acclamato. Fin da piccolo ha dovuto arrangiarsi per ottenere tutto ciò che voleva. Era anche una vita pericolosa. Lebron ricorda di aver visto armi e droghe durante la sua infanzia e spesso si è sentito in pericolo a causa di ciò che lo circondava e di coloro che erano presenti nella sua vita. LeBron non incolpa sua madre per come è stata la sua infanzia: era giovane e ha fatto del suo meglio. È stato citato per dire che è stata comunque in grado di dargli da mangiare e di tenergli i vestiti addosso mentre loro lottavano.

Gloria non era completamente sola nel crescere suo figlio. La madre l'ha sostenuta molto, ma la tragedia si è abbattuta sulla famiglia quando la nonna di LeBron è venuta a mancare, lasciando che diventassero una famiglia di due persone. Purtroppo, la famiglia di due persone è stata afflitta da problemi finanziari. LeBron ha raccontato di essersi preoccupato di quello che sarebbe successo in ogni momento della sua infanzia. A causa dell'instabilità della sua vita familiare,

LeBron ha perso molta scuola e spesso non è riuscito a completare i compiti in tempo.

La signora James ha capito subito che questo non era un buon modo di crescere suo figlio. Voleva dargli tutte le opportunità per avere successo nella vita e alla fine ha preso la difficile decisione di permettergli di vivere con un'altra famiglia.

Tempo con la famiglia Walker

Gloria James affidò il futuro e l'educazione di LeBron all'allenatore di calcio giovanile locale e amico di famiglia Frank Walker. Sapeva che Walker aveva figli propri e che LeBron era particolarmente legato a suo figlio, Frank Jr. Era al quarto anno di scuola che si era trasferito da loro, quindi era molto giovane quando lasciò la casa di famiglia per cercare un'educazione più stabile. Questo è avvenuto dopo che LeBron ha perso più della metà dei giorni di scuola di quell'anno.

È con la famiglia Walker che LeBron ha imparato ad avere una forte etica del lavoro e a dedicarsi ai suoi compiti. Divenne una vera e propria parte della famiglia. Faceva le faccende domestiche, andava a scuola e imparava dalla famiglia tutto ciò che poteva su un ambiente di vita stabile. I Walker furono molto generosi con lui. Gli comprarono tutto il materiale scolastico, lo ospitarono come uno di loro e si assicurarono che si concentrasse sulla sua istruzione. A differenza dell'anno precedente, LeBron ha avuto una frequenza quasi perfetta in quinta elementare e ha dimostrato grande impegno e dedizione negli studi.

Questo è stato anche il periodo in cui LeBron ha iniziato a interessarsi allo sport. Inizialmente giocò a football nella squadra di Walker e passò rapidamente alla pallacanestro. LeBron rimase incredibilmente affascinato da questo sport e sviluppò subito una certa abilità. Era anche bravo a giocare a calcio e impressionò il signor Walker per la sua capacità di essere un grande sportivo in qualsiasi campo si applicasse.

I Walker si resero conto che questo poteva essere più di un hobby per la superstar in erba. Il ragazzo era così promettente e dedito al gioco, anche se frequentava appena la quinta elementare. Non capita spesso di vedere un bambino così giovane avere tanto talento in qualcosa, e loro sapevano che sarebbe diventato qualcosa di speciale.

Allenatore Dru

Dru Joyce II è un'altra persona che ha visto il grande talento di LeBron in campo. Era un allenatore di basket locale che aveva un figlio della stessa età di LeBron. A lui va il merito di essere stato il primo a guidare la carriera cestistica di LeBron. Quando LeBron si unì alla squadra, il successo fu immediato. All'età di 11 anni, la squadra di LeBron si piazza tra le prime 10 del campionato nazionale AAU. Sebbene la squadra avesse altri grandi giocatori, era James a dominare il campo. Mise subito in mostra le sue abilità e dimostrò di essere una forza inarrestabile quando giocava. La squadra ha viaggiato in lungo e in largo per giocare, il che è stato molto emozionante per il ragazzo di Akron. Ha avuto modo di vedere diverse parti dell'America, il che è stato sorprendente per una persona che ha faticato così tanto solo pochi anni prima. È passato dall'instabilità a qualcosa di molto più grande.

Coach Dru ha seguito LeBron per i primi otto anni della sua carriera cestistica. Sapeva di avere tra le mani un prodigio e lo ha allenato dolcemente per farlo diventare sempre migliore. Ha incoraggiato LeBron a spingersi sempre oltre e a dedicare tempo e sforzi allo sviluppo del suo gioco. È stata una fortuna incredibile che LeBron abbia avuto una guida in questa parte della sua vita, perché avrebbe potuto tranquillamente abbandonare il basket e giocare solo per divertimento. Invece, ha sviluppato un'etica del lavoro ancora migliore e Dru ha fatto in modo che fosse sulla strada giusta per diventare un campione.

Per coach Dru era una missione tenere LeBron lontano dalle strade e sul campo da basket. Voleva vederlo prosperare, ma non si prende alcun merito per il talento straordinario che è diventato quest'uomo. Era semplicemente una persona disponibile che voleva aiutare un ragazzo promettente, ma che proveniva da una situazione difficile.

Promessa del basket precoce

LeBron non ha mai perso un allenamento. Questo è importante da notare perché all'epoca era solo un preadolescente e molti avrebbero rinunciato a dedicarsi allo sport per avere una vita sociale più intensa.

Tuttavia, alle scuole medie, LeBron cominciava a farsi notare dai locali interessati a questo sport. La gente veniva da lontano per guardarlo giocare e molti dicono di aver capito che sarebbe diventato una star fin da quando era adolescente. Per LeBron lo sport poteva essere facile, poteva essere un talento naturale, ma era anche un gran lavoratore.

LeBron è stato anche un giocatore di squadra fin dall'inizio. Con tre suoi amici, Sian Cotton, Dru Joyce III e Willie McGee, ha creato una squadra di cui essere orgoglioso. Si sono soprannominati i "fab four" e hanno giocato insieme per tutta la scuola media e il liceo, vincendo sempre.

Non c'erano dubbi sul fatto che le abilità e l'acume di LeBron per questo sport sarebbero proseguite solo al liceo.

CAPITOLO 2: SCUOLA SUPERIORE ST VINCENT-ST MARY

L'avete già sentito. "Dalla St. Vincent-St Mary High School di Akron, Ohio, Lebron James". È quello che dicono gli annunciatori quando sta per entrare in campo. È la sua amata alma mater. Allora, chi era LeBron James al liceo prima di farsi un nome e di catapultare Akron alla ribalta nazionale?

Fin dal primo anno, James ha dominato in campo. Ha distrutto i record della scuola e ha dimostrato che non sarebbe andato da nessuna parte presto. La gente era in soggezione per il suo modo di giocare e lui era considerato sia un grande giocatore individuale che un grande compagno di squadra per coloro che lo circondavano. Ha spinto tutti i membri della squadra a migliorare.

Il suo successo è continuato anche nel resto della scuola. Al termine della sua seconda stagione di pallacanestro, LeBron si aggiudica il titolo di Mr. Basketball dell'Ohio e si guadagna un posto nella prima squadra USA Today All-USA. Ha vinto lo stesso titolo per altre tre stagioni consecutive. Ha concluso la sua carriera scolastica con un totale di 2.657 punti, 892 rimbalzi e 523 assist.

LeBron al liceo

A LeBron ha giovato il fatto di essere sempre stato un ragazzo alto. All'epoca era alto circa un metro e novanta e fisicamente era molto più grande di molti suoi compagni di classe. Per questo motivo era in grado di dominare con maggiore facilità. Nonostante la sua stazza, era anche incredibilmente agile e mostrava una grande coordinazione occhio-mano. Questa caratteristica lo accompagnerà fino alla vita adulta.

Al primo anno, la sua squadra liceale ha vinto il titolo della Division State, dove ha segnato 25 punti, 9 rimbalzi e 4 assist.

Dopo aver vinto il premio di Mr. Basketball dell'Ohio al secondo anno di liceo, tutti gli occhi erano puntati su ciò che sarebbe accaduto in seguito. Al terzo anno, a soli 16 anni, la gente cominciò a chiedergli l'autografo. Raggiunse il metro e settanta ed era una presenza imponente ovunque andasse. Viene pubblicato su *Slam*, una rivista americana dedicata al basket liceale, dove viene definito "il miglior giocatore di basket liceale in America in questo momento". Questo era solo l'inizio. Cominciò a rilasciare interviste televisive, continuò a comparire sulle riviste e fu persino ospite di ESPN in un segmento dedicato agli astri nascenti del basket liceale.

Già al secondo anno, i college cominciarono ad annusare la prospettiva di reclutare James nelle loro squadre. Sapevano che sarebbe stato una grande risorsa per loro e che avrebbe vinto dei campionati. Tuttavia, LeBron riceveva anche offerte più allettanti. Il comitato olimpico degli Stati Uniti lo invita a partecipare a uno showcase di giocatori di basket delle scuole superiori e già gli dicono che è sicuro che un giorno rappresenterà il suo Paese sul più grande palcoscenico mondiale possibile.

Un'eredità che lo avrebbe accompagnato anche nella vita adulta, e che già lo paragonava ad altri giocatori di basket della sua epoca. La gente diceva che era più promettente di Kobe Bryant e che sarebbe diventato una stella molto più grande.

La copertina di Sports Illustrated

Probabilmente conoscete la famosissima copertina di *Sports Illustrated* che ritrae LeBron James al liceo, ma sapevate che è stato il primo studente liceale in assoluto a comparire sulla copertina di questa rivista? Questo dimostra quanto fosse una grande star prima ancora di arrivare all'NBA. LeBron aveva solo diciassette anni quando è apparso sulla copertina della rivista sportiva più famosa del Paese e, improvvisamente, la fama ha avuto la meglio su di lui. Non si trattava più solo di basket. La gente era interessata alla sua vita. Volevano sapere delle sue difficoltà con la madre, volevano sapere cosa aveva da dire su eventi di attualità. È una pressione enorme per chiunque, figuriamoci per uno che non ha ancora compiuto 18 anni.

Grazie all'ampio numero di lettori di *Sports Illustrated*, non c'erano dubbi sul fatto che LeBron fosse la più grande star delle scuole superiori dell'epoca. La gente era ossessionata da lui e le squadre NBA stavano già pensando di sceglierlo al draft.

Ha fatto del suo meglio per ignorare la fama e concentrarsi sul basket, ma a volte è diventato impossibile. La gente voleva il suo autografo, voleva un pezzo di lui e voleva sapere cosa avrebbe fatto dopo.

Poiché il suo nome stava diventando così grande, LeBron ha iniziato a prendere molto più a cuore le sconfitte. Sentiva che la pressione era su di lui per ottenere sempre risultati e quando lui e la sua squadra non riuscivano a tagliare il traguardo della vittoria, si sentiva come se la colpa fosse sua. È impossibile essere sempre un vincitore, ma LeBron si è imposto questa aspettativa negli anni della formazione. È qualcosa che lo ha seguito nella sua carriera professionale ed è un segno distintivo del suo successo.

Ultimo anno

LeBron ha guidato la sua squadra a un record inaudito di 25-1 nel suo ultimo anno. Il suo tiro era fuori scala, la sua capacità di fare assist era oggetto di attenzione da parte di molte riviste e riusciva a ottenere così tanti rimbalzi da sembrare quasi inarrestabile contro le altre squadre. Il suo liceo fu catapultato nella fama grazie alle sue incredibili capacità e la gente viaggiava in Ohio solo per vederlo giocare. Iniziarono a chiamarlo "effetto LeBron". Fu consacrato come il "prescelto", un soprannome che gli rimase per tutta la vita.

È stato nominato "MVP del McDonald's High School All-American Game, dell'EA Sports Roundball Classic e del Jordan Capital Classic". È stato anche il vincitore del Gatorade National Player of the Year.

A detta di tutti, LeBron non vedeva l'ora di uscire dal liceo e di entrare nel campionato. Era frustrato dal fatto di giocare su un piccolo palcoscenico e voleva dimostrare di essere uno dei migliori del Paese, non solo al liceo. Questo ha contribuito alla sua decisione di non proseguire gli studi al college e di passare direttamente all'NBA.

Al giorno d'oggi, i giocatori devono aver completato almeno un anno di college, noto colloquialmente come la regola "one and done", ma nel 2003 LeBron aveva la possibilità di entrare nella Major League direttamente dalla scuola superiore. Non è una sorpresa che abbia colto questa opportunità.

Ma non è stato così facile. LeBron è stato dichiarato non eleggibile per l'NBA. La decisione presa venerdì dall'Associazione atletica delle scuole superiori dell'Ohio arriva quattro giorni dopo che James, studente dell'ultimo anno alla St. Vincent-St. Mary, è stato scagionato per aver accettato in regalo dalla madre un veicolo sportivo da 50.000 dollari". Ha anche accettato due maglie memorabilia per un totale di oltre 100 dollari, il che gli ha revocato l'affiliazione all'OHSAA. LeBron ha fatto ricorso con successo contro questa decisione.

Come ormai sappiamo, LeBron è diventato un giocatore dell'NBA. Nulla avrebbe impedito alla sua stella di brillare e le persone di tutto il mondo erano affascinate dal suo talento.

CAPITOLO 3: CON LA PRIMA SCELTA DEL DRAFT NBA...

Quando LeBron James ha finito il liceo, era già un nome conosciuto. Migliaia di persone in tutta la nazione erano estasiate dal talento del giovane e non vedevano l'ora che venisse chiamato a far parte dell'NBA. La gente era interessata a vedere come si sarebbe confrontato con gli altri migliori giocatori del mondo e lui sapeva che ci sarebbero stati sempre molti occhi attenti e ossessionati dalla sua carriera.

Anche in questo caso, si tratta di una pressione notevole per una persona così giovane. LeBron era un ragazzo proveniente da una zona povera della città. Non si aspettava che questa sarebbe diventata la sua vita e voleva solo giocare a basket da professionista. Tuttavia, il mondo aveva un'idea diversa del suo futuro. Sarebbe diventato una superstar, che gli piacesse o meno.

2003, primo giro, prima scelta

"Con la prima scelta del draft NBA", così ha esordito il commissario dell'NBA David Stern all'annuncio. Questo fu l'inizio della carriera da superstar di LeBron nell'NBA. Fu scelto al primo posto assoluto e fortunatamente dalla sua squadra di origine, i Cleveland Cavaliers. Nello stesso anno fecero il loro ingresso altre grandi star, tra cui Carmello Anthony, Dwyane Wade e Chris Bosh. Tuttavia, è stato la prima scelta e il giocatore più richiesto. Non c'è dubbio che tutte le altre squadre speravano in lui, ma sapevano che non avrebbero avuto la possibilità di sceglierlo prima dei Cavaliers. Cleveland è stata abbastanza fortunata da assicurarsi la sua stella nazionale.

Quella sera LeBron si è distinto. Indossava un completo completamente bianco ed era affiancato dalla madre e dall'agente Aaron Goodwin. L'evento si è tenuto al Madison Square Garden, dove un pubblico numeroso si è presentato per vedere la futura stella prendere il suo posto nell'NBA. Quella sera sono state effettuate sette trade, ma LeBron non era tra questi. Sarebbe diventato un giocatore di Cleveland come aveva sempre sognato.

LeBron è salito sul palco e ha accettato la sua selezione con grande gentilezza. Aveva un sorriso enorme sul volto, ha stretto la mano a David Stern e ha indossato il cappello dei Cavaliers per significare che era pronto a far parte della loro squadra. È stato un momento importante nella storia del basket.

I primi giorni a Cleveland

LeBron era annunciato come il salvatore dei Cleveland Cavaliers. I Cleveland Cavaliers avevano avuto un periodo difficile negli ultimi tempi e l'anno precedente erano finiti in fondo alla classifica, risultando la peggior squadra del campionato. LeBron sarebbe arrivato per dare una scossa alla situazione. Il suo dominio in campo era così noto che sarebbe stato scoraggiante per i compagni di squadra e per gli avversari sapere che sarebbe sceso in campo con loro. Attirava grandi folle e si speculava sempre su quanto avrebbe fatto bene in serie A.

Ha subito dimostrato di essere una forza da non sottovalutare. Nella sua prima partita di stagione regolare, LeBron ha registrato 25 punti, 9 assist, 6 rimbalzi e 4 rubate, stabilendo il record di punti segnati da un giocatore al suo debutto.

Ha migliorato notevolmente la squadra. Invece di essere in fondo alla classifica, la squadra si piazza al nono posto nella Eastern Conference, sfiorando i playoff. Per LeBron è stato un duro colpo essere arrivato così vicino, ma c'era comunque molto di cui essere orgogliosi. Aveva salvato da solo la squadra e l'aveva resa una forza da non sottovalutare.

LeBron e le sponsorizzazioni

Nello stesso anno della scelta del draft, LeBron ha firmato un contratto di sette anni per un valore di 90 milioni di dollari con Nike. Era fedele a questo marchio e voleva aiutarlo a prosperare. Gli pagavano così tanto che, oltre a essere un giocatore di pallacanestro, era diventato un venditore del marchio. La gente ha ipotizzato che fosse più fedele al marchio che alla sua squadra, ma le sue abilità in campo hanno dimostrato che si sbagliavano. Era in grado di concentrarsi su entrambe le cose contemporaneamente grazie al suo talento supremo e alla sua capacità di essere una persona. Voleva dare impulso al marchio nello stesso modo in cui l'aveva fatto Jordan. È interessante notare che da quella fatidica firma nel 2003, LeBron ha firmato un contratto esclusivo a vita con l'azienda del valore di 30 milioni di dollari all'anno. Si stima che il tempo trascorso con Nike ammonterà a circa un miliardo nel corso della sua vita.

Nike non è stato l'unico marchio ad accaparrarsi LeBron agli inizi della sua carriera. Anche la Coca-Cola riuscì a fargli firmare un contratto per girare una serie di spot pubblicitari per la loro bevanda, la Sprite. Se accendete il televisore, vedrete ancora LeBron in questi spot, perché ha continuato a collaborare con lui.

Stranamente, quell'anno LeBron fece anche un altro ingaggio importante. Bubbalicious lo ingaggiò e creò il suo gusto di gomma con un accordo incredibilmente redditizio. Nella vita di LeBron non c'erano più problemi di denaro. Era essenzialmente pieno di soldi.

Esordiente dell'anno

Tornando alla vita di LeBron in campo, il giocatore si è comportato bene come tutti avevano immaginato. Il suo anno da esordiente con i Cleveland Cavaliers è stato eccezionale. Ha portato alla squadra un successo senza precedenti e ha superato tutti gli altri in campo. Ha registrato una media di 20 punti, 5 rimbalzi e 5 assist, diventando così solo il terzo giocatore nella storia dell'NBA ad avere un record così fenomenale nel suo anno da esordiente.

Il più grande successo del suo primo anno nel mondo della pallacanestro professionistica è stato quello di essere premiato come NBA Rookie of the Year. In un anno difficile, si è comunque distinto. Ho già detto che Anthony e Wade erano entrambi esordienti quell'anno, ma anche le loro capacità non erano in grado di superare quelle di James. Era indiscutibilmente il miglior giocatore esordiente della lega.

CAPITOLO 4: UN UOMO DALLE MOLTE SQUADRE

LeBron ha brillato fin dal primo momento in cui ha calcato i campi dell'NBA. Non si poteva negare che fosse uno che avrebbe fatto la storia. LeBron è uno dei pochi giocatori NBA ad aver vinto campionati con tre squadre diverse. Questo non significa che non sia stato fedele alla sua squadra mentre giocava per essa. È considerato uno dei migliori giocatori di squadra di tutti i tempi e si impegna molto per sostenere chi gli sta intorno. È un faro per i giocatori più giovani e un modello di comportamento da seguire quando si è in campo.

LeBron James è noto per la sua riservatezza quando si tratta di prendere decisioni. Nel corso degli anni gli esperti di basket si sono arrabbiati: hanno spesso cercato di ipotizzare quale sarebbe stata la sua prossima mossa, ma raramente le loro previsioni sono state corrette.

Indipendentemente dalla squadra in cui gioca, LeBron riesce a distinguersi come uno dei migliori giocatori in campo. È un ripetuto giocatore All-Star e supera costantemente i record stabiliti prima di lui. È in grado di incanalare l'energia della folla come nessun altro e spesso trova il modo di incitarla. Probabilmente l'avrete visto lanciare in aria gessetti schiacciati come parte del suo rituale. Lo faceva abitualmente quando giocava con i Cleveland e i Miami Heat, e ancora oggi a volte si cimenta in questo rituale. È un momento speciale per chiunque riesca a vederlo.

LeBron è noto anche per i suoi festeggiamenti dopo aver realizzato un buon canestro o fornito un assist stellare. Fa un movimento a scatti dalle mani fino al ginocchio sollevato, una specie di danza. Questo movimento è stato replicato in tutto il mondo. Lo si vede fare ai giocatori di tennis, calcio e persino di Australian Rules Football. È un'ispirazione per gli sportivi di tutto il mondo che cercano di emulare la sua etica del lavoro e la sua abilità.

In questo capitolo, illustrerò nel dettaglio la carriera professionale di LeBron. A partire dal suo periodo a Cleveland fino alla sua attuale posizione nei Los Angeles Lakers. Voglio analizzare in particolare il suo curriculum di giocatore e i risultati che ha ottenuto nell'NBA. Si tratta di un uomo che è stato eletto "Most Valuable Player" più di una volta e che ha partecipato a così tante partite All-Star che ormai ci si aspetta che faccia parte della squadra, indipendentemente dalla squadra in cui gioca. C'è così tanta storia da raccontare e così tanti riconoscimenti da menzionare. Quindi, iniziamo.

I Cleveland Cavaliers

LeBron stava per entrare nella storia dei Cavaliers. Sarebbe diventato uno dei migliori giocatori mai entrati a far parte di questa squadra e si sarebbe assicurato il massimo successo possibile. Il fatto è che nel 2004 aveva solo 19 anni ed era al suo secondo anno con la squadra. All'inizio della sua carriera, l'allenatore dei Denver Nuggets, George Karl, ha parlato di quanto LeBron fosse impressionante in campo. Ha detto: "È strano parlare di un ragazzo di 20 anni che è un grande giocatore, ma è un grande giocatore e potrebbe essere il migliore di sempre". Ha poi continuato a commentare come LeBron abbia una maturità ineguagliabile in campo, soprattutto per una persona così giovane. Ha detto che LeBron ha un senso della pallacanestro e che questo ha contribuito in modo determinante al suo successo.

2004-2005

Nella stagione 2004-2005, LeBron è entrato nella storia in una partita contro i Toronto Raptors. Contro di loro ha segnato 56 punti, stabilendo il record dei Cavaliers per il maggior numero di punti segnati in una partita. Quell'anno ha una media di 27,2 punti, 7,4 assist e 2,2 rubate a partita. Nonostante le sue ottime prestazioni, Cleveland non riesce a raggiungere i playoff, anche se il suo record di gioco non fa che migliorare.

Questa stagione è stata anche la prima in cui LeBron è stato selezionato per partecipare all'All-Star Game. Ha aiutato la squadra della Eastern Conference a vincere e ha segnato 13 punti contro i migliori giocatori in assoluto dell'intera lega. Ha giocato al fianco di Shaquille O'Neal, che ha disputato il suo 12° All-Star Game e ha affrontato un nome ancora più importante, Kobe Bryant. L'Est vinse la partita 125-115. LeBron ha guidato la partita con il maggior numero di rimbalzi per l'Est, con 8 rimbalzi a suo nome. È stata una grande impresa per un giocatore così giovane fare così bene in questo tipo di partita. Ha impressionato tutti con le sue capacità e si è fatto un nome ancora più importante. LeBron è diventato una superstar. Viene invitato a tutte le feste più esclusive e stringe buone amicizie con celebrità come Jay-Z. Il suo profilo non faceva che crescere. Ancora ragazzo di Akron, si vedeva con la sua squadra locale e con pochi altri selezionati. Mentre festeggiava con i più grandi nomi del mondo, si assicurava che coloro che lo avevano creato fossero ancora in giro per partecipare al bottino. Ha anche ammesso alla rivista *Slam* di essere stato lui a creare tutto questo clamore intorno a sé. È stato complice nel rendersi una celebrità grazie alla sua grande personalità in campo.

Con la fama arrivano anche le critiche e molti hanno notato che il gioco di LeBron presentava anche dei difetti. Alcuni esperti ritenevano che si accontentasse troppo spesso di tiri dalla lunga distanza e che questi non fossero un suo punto di forza, il che significava che non massimizzava il numero di punti segnati a partita. Era fisicamente più forte della maggior parte dei giocatori che condividevano il campo e avrebbe dovuto essere in grado di sfruttare questo aspetto a suo vantaggio, ma il suo accontentarsi di altri tipi di tiri è costato a lui e alla sua squadra il successo. Il pubblico ha avuto da ridire anche sulle sue prestazioni in difesa nell'uno contro uno, sostenendo che un giocatore molto più grande di quelli che giocano contro di lui dovrebbe avere un record migliore in queste situazioni.

LeBron voleva dimostrare che tutti coloro che dicevano cose negative si sbagliavano. Voleva dimostrare di avere la capacità di essere migliore e continuava a migliorare. Non è chiaro se abbia effettivamente ascoltato queste critiche o se abbia riconosciuto lui stesso i difetti del suo gioco, ma è indubbio che fosse motivato a migliorare anno dopo anno.

2005-2006

Questa è stata una grande stagione per i Cleveland Cavaliers e per i loro tifosi. Per la prima volta dal 1998, LeBron è riuscito a portare la squadra della sua città natale ai playoff, dove ha ottenuto risultati spettacolari. Durante i playoff, LeBron realizza il suo primo tiro vincente in assoluto in gara-3 contro i Washington Wizards. Poi ne realizzò un altro contro la stessa squadra in gara-5. A pochi minuti dalla fine di ogni partita, James è riuscito a segnare per garantire la vittoria della sua squadra, con grande disappunto dei tifosi dei Wizards. La squadra passa al turno successivo contro i Detroit Pistons. La partita fu combattuta, ma alla fine i Pistons li estromisero dai playoff con un 4-3 finale.

Questo non fu l'unico successo di LeBron in quella stagione. Giocando a Houston, in Texas, LeBron viene nuovamente selezionato per far parte della squadra All-Star della Eastern Conference. LeBron vince il suo primo All-Star Game Most Valuable Player in questa partita, guidando l'Est alla vittoria per 122-120 sull'Ovest. Ha segnato 29 punti e a soli 21 anni è diventato il più giovane giocatore di sempre a vincere l'All-Star Game MVP. Questo non è stato l'unico risultato degno di nota dell'anno. Pur non essendo il vincitore assoluto, James si è classificato secondo con Steve Nash nel premio di MVP della stagione regolare.

2006-2007

Nella stagione 2006-2007, Lebron ha registrato una media di 27,3 punti, 6,7 rimbalzi, 6 assist e 1,6 rubate. I numeri sono in calo rispetto a quelli precedenti e i critici lo criticano di nuovo, parlando ancora una volta del fatto che si prende troppi tiri dalla distanza. Alcuni hanno detto che quest'anno non era concentrato e non aveva la stessa determinazione che aveva mostrato in passato. Ciononostante, i Cavaliers si sono piazzati al secondo posto nella Eastern Conference durante la stagione regolare. Nelle finali della Eastern Conference, LeBron ha sbaragliato la concorrenza con un career-high nei playoff di 48 punti. A soli due secondi dalla fine del doppio tempo supplementare contro i Pistons, Cleveland si è assicurata la vittoria. Si tratta della prima vittoria in assoluto di Cleveland nella conference e segna una grande svolta per la squadra. Purtroppo i Cleveland furono sconfitti dai San Antonio Spurs per il titolo di campione. I tifosi erano in fibrillazione dopo questa pietra miliare. Vedevano LeBron come l'uomo che un giorno avrebbe portato a casa il loro primo campionato in assoluto, e lui vedeva una pressione immensa da tutte le parti. Dapprima i critici gli rimproveravano di non aver giocato abbastanza bene, poi i tifosi lo vedevano giocare così bene da pensare che avrebbe potuto portare ancora più consensi alla squadra. Era una situazione difficile da affrontare.

Nell'All-Star Game di questa stagione, LeBron è stato il giocatore che ha ottenuto il maggior numero di punti per essere scelto nella Eastern Conference. Ha ottenuto il secondo maggior numero di voti nella storia dell'NBA, battuto solo da Dwight Howard nel 2009. Purtroppo quest'anno l'Est non ha avuto la meglio sull'Ovest, perdendo 153-132. Questo non rientrava nei piani di LeBron, ma ha comunque dominato in campo, segnando il maggior numero di punti a Est con 28, mentre Kobe ne ha segnati 31 per l'Ovest. Per questo motivo, Kobe è stato nominato "Most Valuable Player" quell'anno, raddoppiando la sconfitta di James.

2007-2008

Quest'anno i Cavaliers sono arrivati quarti nella Eastern Conference. Sono stati sconfitti in semifinale dai Boston Celtics, vincitori del campionato. A prescindere dalla sconfitta, è stato comunque impressionante che una squadra che solo pochi anni fa era ultima nella lega sia riuscita a raggiungere l'ennesimo playoff, in gran parte grazie a LeBron. LeBron è riuscito a migliorare costantemente in questa stagione. Ha registrato una media di 30,0 punti, 7,9 rimbalzi e 7,2 assist, numeri enormi per un giocatore. In questa stagione è diventato il miglior marcatore di tutti i tempi di Cleveland a soli 23 anni. LeBron ha dichiarato: "Ho lavorato molto duramente sul mio gioco durante la stagione e durante il campionato. Ho cercato di essere il miglior giocatore possibile in campo ogni volta che sono sceso in campo".

LeBron ha dominato ancora una volta l'All-Star Game. È stato premiato come "Most Valuable Player" dell'All-Star, un riconoscimento che ha ottenuto per la seconda volta in soli tre anni. LeBron ha dichiarato di essere determinato a vincere questa volta. Non voleva vedere la stessa sconfitta dell'anno scorso e ha dato il massimo in campo. L'Est era in testa alla partita, ma poi ha perso brevemente il vantaggio nel quarto quarto, anche se alla fine ha avuto la meglio sull'Ovest. Chris Paul, giocatore di New Orleans, ricorda la partita e dice che, qualunque cosa facessero, non erano in grado di fermare LeBron. Gli mettevano addosso due giocatori alla volta, ma lui riusciva comunque a liberarsi per realizzare il tiro o l'assist.

2008-2009

È una sorpresa se dico che questo è stato un altro grande anno per LeBron James? Non mostrava alcun segno di rallentamento, quindi non c'è da stupirsi se il successo ha continuato a seguirlo. Anche Cleveland ha ottenuto risultati fenomenali quest'anno. Hanno quasi stabilito un record di franchigia, concludendo la stagione regolare con un record di 66-16, mancando di una sola partita il record precedente. La squadra ha raggiunto ancora una volta i playoff. Tuttavia, sono stati scritti articoli su come LeBron abbia deluso i Cavaliers non assicurando il record. Per un uomo già così duro con se stesso e che non vuole mai arrivare secondo, questo sarebbe stato un duro contraccolpo da affrontare. Cleveland è stata in grado di spazzare via la concorrenza nella Eastern Conference, vincendo sia contro i Detroit Pistons che contro gli Atlanta Hawks per 4-0. Tuttavia, hanno perso in finale contro gli Orlando Magic, perdendo la serie in sei partite. LeBron ha segnato 49 punti nella prima partita. LeBron è stato gravemente criticato per il suo comportamento quando i Cavaliers hanno perso gara 6. Ha lasciato il campo senza stringere il braccio ai giocatori. Ha lasciato il campo senza stringere la mano agli avversari, cosa che è stata vista come una mossa gravemente antisportiva e le persone sono rimaste sciocccate nel vedere una persona che avevano salutato come un eroe e un giocatore dalle buone intenzioni comportarsi così male.

Nonostante la sconfitta e le reazioni al suo comportamento, quest'anno LeBron ha vinto per la prima volta il titolo di "Most Valuable Player". È stato il primo Cleveland Cavalier a ricevere questo titolo e ha battuto Kobe Bryant per il premio. È stato nominato secondo nel premio NBA Defensive Player of the Year, dove Kobe è arrivato primo.

Quell'anno LeBron arrivò secondo a Kobe in più di un modo. Nell'All-Star Game, la Western Conference batté la East e Kobe e Shaquille O'Neal furono nominati insieme "Most Valuable Players" dell'All-Star Game.

2009-2010

La stagione 2009-2010 di LeBron con i Cavaliers è stata ricca di alti e bassi. Innanzitutto, gli viene temporaneamente assegnata la posizione di playmaker a causa degli infortuni dei compagni Mo Williams e Delonte West. Il giocatore si è detto d'accordo con questa scelta e ha affermato di non aver bisogno di avere sempre la palla in mano per essere un grande giocatore. Ha dimostrato che era vero, con una media di 29,7 punti, 7,3 rimbalzi, 8,6 assist e 1,6 rubate in stagione. È stato nuovamente nominato "Most Valuable Player" della stagione regolare, diventando solo il 10° giocatore a vincere questo premio in due stagioni consecutive.

La squadra ha raggiunto nuovamente i playoff, battendo i Chicago Bulls e avanzando contro i Boston Celtics. La squadra perde in gara-5 e LeBron viene pesantemente condannato per la sua prestazione. Fu così negativa che il pubblico di casa lo fischiò al termine della partita. Era la sua ultima partita con Cleveland prima di diventare free agent e non è andata esattamente come si aspettava. C'era molta pressione su di lui per vincere. La gente sapeva che forse non sarebbe tornato e voleva vedere Cleveland avanzare nel campionato. Questa è stata una grave perdita per la franchigia e non c'è da stupirsi che i tifosi fossero così arrabbiati.

LeBron è stato di nuovo All-Star, giocando ad Arlington, in Texas. Ancora una volta si è scontrato con Kobe e con altre superstar come Pau Gasol e Carmelo Anthony. Nella sua squadra c'erano i futuri compagni di squadra Dwayne Wade e Chris Bosh. Quell'anno Dwayne si aggiudicò il titolo di "Most Valuable Player" dell'All-Star. Le statistiche di LeBron furono 25 punti, 6 assist e 5 rimbalzi. L'Est vinse 141-139.

Con la fine di questa stagione, il periodo di LeBron con i Cleveland Cavaliers si è concluso. Ora è libero di decidere dove giocare e con chi giocare.

I Miami Heat

LeBron è diventato free agent il 1° luglio 2010. Questa è stata la decisione più importante della sua carriera. Se ne parlò così tanto che dominò il ciclo delle notizie sportive, tanto da giustificare un proprio segmento su ESPN chiamato "The Decision". La gente non aveva idea di cosa LeBron avesse intenzione di fare. Esperti e giocatori ne hanno discusso a lungo e volevano anche solo una piccola idea di dove sarebbe approdato il grande cestista. Le squadre di tutto il paese lo pregavano di unirsi a loro. Tra le squadre che lo volevano c'erano gli Heat, i New Jersey Nets, i New York Knicks, i Los Angeles Clippers e i Chicago Bulls, tutti scesi a Cleveland per cercare di convincerlo a firmare con loro. La maggior parte degli esperti pensava che sarebbe andato ai Chicago Bulls e avrebbe seguito le orme di Jordan. Hanno capito che si trattava di un grande affare che avrebbe potuto far progredire la carriera di LeBron e che, dal punto di vista della carriera, aveva senso che considerasse questa come la sua migliore opzione.

Per quanto se ne parlasse, non si sapeva cosa stesse pensando LeBron quella settimana. La gente era perplessa su cosa avrebbe fatto e su dove avrebbe giocato la prossima volta. I tifosi di tutto il paese pregavano che venisse nella loro squadra e quelli di Cleveland desideravano ardentemente che rimanesse e che portasse la loro squadra a un successo ancora maggiore. Vedevano LeBron come un loro giocatore. Era un talento nato in casa ed era quasi come se sentissero che lo doveva a loro. Tuttavia, non si sapeva quale decisione avrebbe preso. Sembrava una delle settimane più lunghe della storia dell'NBA.

La decisione

L'8 luglio 2010, LeBron avrebbe dovuto fare un'apparizione su ESPN per un segmento speciale chiamato "The Decision". La notizia della sua destinazione era talmente grande che i dirigenti televisivi pensarono che meritasse un proprio spazio in prima serata. La ESPN ha trasmesso innumerevoli pubblicità per il segmento, che ha suscitato un grande clamore. Quasi 10 milioni di persone si sono sintonizzate per sapere cosa avrebbe fatto LeBron nella sua prossima stagione. Un gran numero di spettatori proveniva da Cleveland. I tifosi dei Cavalier erano ansiosi di sapere dove sarebbe andata la loro stella e aspettavano con il fiato sospeso, sperando di sapere che sarebbe rimasto con loro. Vedevano LeBron come il loro eroe e come la persona che avrebbe finalmente vinto un campionato. Nessuno voleva lasciarsi sfuggire questo enorme talento, anche se già si vociferava che avesse deciso di lasciare la squadra della sua città natale.

Lo speciale su ESPN doveva durare 75 minuti. Il segmento non è iniziato subito con la decisione. C'è voluto un po' di tempo per aumentare l'attesa, facendo crescere ancora di più il clamore. Poi, finalmente, è arrivata. LeBron pronunciò le parole che sarebbero entrate a far parte del lessico della cultura pop per sempre. La famosa frase è stata:

In autunno - è molto difficile - porterò il mio talento a South Beach e giocherò con i Miami Heat... Sento che questo mi darà la migliore opportunità di vincere e di vincere per più anni.

L'annuncio ha fatto tremare il mondo della pallacanestro. LeBron era destinato a fare squadra con altre grandi superstar. C'era Dwyane Wade, che era stato a Miami per tutto il tempo in cui LeBron era stato a Cleveland, e c'era Chris Bosh, proveniente dai Toronto Raptors. Costituivano il magico trio e i tifosi sapevano che insieme sarebbero stati inarrestabili. I tre giocatori erano stati le prime scelte del draft nella stessa stagione e avevano le caratteristiche di una super squadra. Mentre LeBron si faceva un nome a Cleveland, Dwyane e Chris facevano lo stesso nelle loro rispettive squadre. Questa era ufficialmente una squadra di stelle.

I tifosi dei Miami Heat sono rimasti estasiati dall'annuncio. Finalmente avevano la possibilità di vincere il campionato con tre pesi massimi al loro fianco. Il presidente dei Miami Heat, Pat Riley, ha parlato apertamente di questa fantastica opportunità per la sua squadra e ha visto in questo annuncio l'inizio di qualcosa di grande.

La frase "Porterò il mio talento a South Beach" è uno dei momenti più citati nella storia dello sport. Sono stati prodotti articoli che citano LeBron, sono stati creati meme a frotte per commemorare questo momento e, se controllate i social media, vedrete ancora persone che postano gif di questo famoso momento. LeBron era già (probabilmente) la più grande star dello sport americano e questo episodio non ha fatto altro che aumentare il suo profilo pubblico.

Il segmento ha suscitato quasi subito reazioni negative. La gente l'ha considerato egoista ed esagerato. Hanno visto in LeBron solo un'ulteriore promozione del suo status di celebrità, sottraendolo al gioco. Le altre squadre si sono arrabbiate per il fatto che LeBron non sia venuto personalmente da loro a comunicare la sua decisione, e che abbiano dovuto scoprirlo come il resto del pubblico. La consideravano una mossa poco professionale e la prova che l'ego di James stava avendo la meglio su di lui. I giornalisti e i commentatori sportivi la pensavano allo stesso modo e lui sarebbe stato usato come sacco da boxe dai media per aver deciso di essere così riservato e poi così pubblico nel suo processo decisionale.

Indipendentemente dalla vostra opinione personale, non c'è dubbio che questo momento non sarà mai dimenticato. Ci sono centinaia di video su YouTube che ritraggono questo segmento e questo momento esatto, quindi chiunque voglia può ancora guardarlo.

Il contraccolpo

Se da un lato si tratta di un momento importante nella storia dello sport, dall'altro viene ricordato come uno dei momenti più controversi della carriera di LeBron. I tifosi dei Miami Heat potevano essere al settimo cielo per aver visto LeBron con i colori della loro squadra, ma i fan di Cleveland erano isterici per quanto questa decisione li avesse fatti arrabbiare. Immediatamente, i fan più accaniti hanno definito LeBron un traditore. La gente criticava la quantità di denaro che aveva preso per firmare con Miami e lo considerava egoisticamente motivato a vincere un titolo, indipendentemente dalla squadra in cui giocava. Sono stati fatti paragoni con Michael Jordan, che si è assicurato che i Chicago Bulls fossero campioni prima di passare all'azione. Per molti, questo ha consolidato l'idea che LeBron non avrebbe mai superato Jordan per diventare il più grande di tutti i tempi.

I tifosi di Cleveland la vedevano così: LeBron doveva loro un campionato. Era di Akron ed era sempre orgoglioso della sua città natale. Aveva portato la squadra a nuovi livelli e volevano vedere quanto in alto potesse volare la loro squadra sotto la sua guida. Pensavano che senza di lui non avessero alcuna possibilità.

L'indignazione e la delusione dei tifosi dei Cavalier è stata sconcertante. I tifosi hanno iniziato a bruciare le sue maglie in grandi quantità, non volendo più ricordare King James come uno di loro. Nel centro di Cleveland c'era un enorme murale dedicato a LeBron. Era diventato un punto di riferimento turistico della città, con persone che venivano a vedere questo magnifico testamento dell'eroe della città. Pochi giorni dopo la sua decisione, Nike ha annunciato la rimozione del murale e ha chiamato in causa un giornale di Cleveland, chiedendo ai fan di smetterla con l'odio e la volgarità nei confronti di LeBron.

Uno degli aspetti più scioccanti di questa saga è stato che il proprietario dei Cleveland Cavaliers, Dan Gilbert, ha scritto una lettera aperta ai tifosi in cui denunciava completamente LeBron e prometteva alla sua città che Cleveland avrebbe avuto successo anche senza di lui. Ha accusato LeBron di essere sleale, codardo e traditore. Lo ha definito un narcisista per il suo segmento di annuncio della decisione e ha dichiarato che LeBron avrebbe portato con sé a Miami la maledizione di Cleveland e che la squadra si sarebbe finalmente liberata degli anni di sconfitte. E ha detto: "Posso dirvi che questa vergognosa dimostrazione di egoismo e di tradimento da parte di uno dei nostri ha spostato la nostra 'motivazione' a livelli precedentemente sconosciuti e mai sperimentati". Dan Gilbert parlò con un tale vetriolo che non fece altro che alimentare le fiamme che stavano scoppiando intorno a LeBron.

King James, il prescelto, è passato dall'essere uno dei giocatori più popolari al mondo a uno dei più odiati, e la sua stagione con Miami non era nemmeno iniziata.

2010-2011

La stagione 2010-2011 è stata l'inizio di qualcosa di nuovo per il mondo del basket. Innanzitutto, LeBron si trovava in una nuova squadra per la prima volta nella sua carriera e ora era uno dei giocatori più odiati al mondo. Poi, ha fatto la mossa emblematica di cambiare il suo numero di gioco da 23 a 6. Originariamente giocava con il numero 23 in omaggio al suo eroe Michael Jordan, che indossava lo stesso numero. È passato al numero 6 quando le regole internazionali non consentivano i numeri a doppia cifra e lui voleva indossare la stessa cifra sia per la Nazionale degli Stati Uniti che per i Miami Heat. Ha scelto il 6 in omaggio a suo figlio, nato il 6 ottobre.

Nonostante facessero parte di un dream team di recente formazione, LeBron e gli Heat si sono trovati di fronte a un enorme scrutinio pubblico. I media li dipingevano come cattivi e la gente non voleva vederli avere successo. Quando è iniziata la stagione regolare, la squadra ha dovuto affrontare un paio di problemi. La loro media di vittorie non è stata così buona come si aspettavano, e LeBron ha attribuito questo fatto al pesante contraccolpo che stava subendo. Ha detto che era abituato a essere un giocatore amato e a essere sostenuto dalla gente. Gli ci è voluto molto tempo per abituarsi a essere il cattivo. Nei primi mesi con gli Heat, secondo le cronache, LeBron era l'involucro di se stesso. Veniva continuamente fischiato e i suoi compagni parlavano male di lui ai media. Inoltre, viveva per la prima volta nella sua vita in un posto nuovo e si stava adattando alla lontananza dalla sua città natale. L'odio dei tifosi è stato particolarmente forte la prima volta che Miami ha giocato a Cleveland quel dicembre. Ogni volta che LeBron appariva sullo schermo e ogni volta che metteva le mani sulla palla, il pubblico lo fischiava.

Miami vinse su Cleveland in quella partita, ma il danno alla psiche di LeBron fu duraturo.

Una delle foto più famose di LeBron James è stata scattata durante la prima stagione con gli Heat. Stavano giocando contro i Milwaukee Bucks, ed era la loro prima apparizione in Wisconsin in quella stagione. Scattata nei primi istanti della partita dal famoso fotografo sportivo Morry Gash, ritrae Dwayne Wade con le braccia aperte verso la folla mentre LeBron è in aria, in procinto di schiacciare un pallone grazie all'assist di Dwayne. Questo segnò l'inizio della loro grande collaborazione.

Nonostante l'inizio traballante, LeBron e i Miami Heat hanno avuto una prima stagione fenomenale insieme. Hanno dominato il campo durante la stagione regolare e sono arrivati ai playoff. Prima hanno affrontato i Philadelphia 76ers, sconfiggendoli per 4-1. Poi hanno affrontato i Celtics, con un risultato di 4-1. Poi, hanno affrontato i Celtics con un'altra vittoria per 4-1. Nella quinta partita contro Boston, LeBron ha realizzato 33 punti e Dwayne 34. È stato un momento importante per James. Dopo la partita ha detto: "Finalmente ho superato la difficoltà contro questa squadra. Tutto quello che ho passato quest'estate, con 'The Decision' e la decisione di venire qui per far parte di questa squadra, perché sapevo quanto fosse importante la squadra in questo sport". Nelle finali di conference hanno affrontato i Chicago Bulls e hanno vinto ancora una volta 4-1. Questo significa che gli Heat andranno in finale. Era il momento di affrontare i vincitori della Western Conference, i Dallas Mavericks. La loro striscia di cinque partite non continuò. E nemmeno la loro striscia di vittorie. Perdono in sei partite.

LeBron, Dwayne e Chris sono stati selezionati ancora una volta come giocatori All-Star. Affrontarono una formazione simile a quella dell'anno precedente e, sebbene fossero più in sintonia con il modo di giocare, l'Ovest finì per vincere 148-143. LeBron guidò la Eastern Conference in rimbalzi e assist.

2011-2012

Questa stagione è iniziata con il Lockout NBA 2011. Il Lockout è dovuto alle trattative tra i proprietari delle squadre NBA e i giocatori per quanto riguarda la tassa sul lusso e il tetto salariale. Non è stato raggiunto un accordo e quindi la stagione è stata rinviata. LeBron ha approfittato di questo periodo per lavorare sul suo gioco e superare i problemi di immagine che aveva. Aveva bisogno di riconciliarsi mentalmente con il fatto di essere ancora visto come un cattivo. Era anche alle prese con la sconfitta della stagione precedente e voleva migliorare il suo modo di giocare. Forse è stato meglio così, perché i Miami Heat hanno vissuto la loro migliore stagione di sempre. Con un inizio di stagione di 18-6, i Miami Heat pareggiano il record di franchigia, che non veniva raggiunto dagli Heat dalla stagione 1998-1999. La squadra ha dominato ancora una volta la stagione regolare, in gran parte grazie a LeBron. Per la terza volta è stato premiato come "Most Valuable Player".

Non sorprende che la squadra sia arrivata ai playoff. Battono i New York Knicks in cinque partite, affrontano gli Indiana Pacers e li battono 4-2, per poi affrontare i Celtics nelle finali di conference. Nella sesta partita della serie, gli Heat si sono trovati di fronte all'eliminazione. Giocando a Boston, non avevano il vantaggio di giocare in casa e si sono trovati di fronte a tifosi dei Celtics inferociti che non volevano vedere Miami vittoriosa. LeBron non si è lasciato scoraggiare. In questa partita ha realizzato 45 punti, 15 rimbalzi e 5 assist. *Il New York Times* l'ha definita "una delle prestazioni più brillanti della sua brillante carriera". La squadra vinse la settima partita e tornò in finale, questa volta contro gli Oklahoma City Thunder e la loro superstar Kevin Durant. Perdono la prima partita, ma tornano con la forza di una vendetta e spazzano via il resto della serie, chiudendola con una vittoria per 4-1. È il primo campionato in assoluto per LeBron. Questa vittoria è stata rafforzata dal suo successivo riconoscimento: è stato nominato "Most Valuable Player" delle Finals. In un discorso emblematico, LeBron ha dichiarato: "Era ora".

Anche il trio di superstar degli Heat ha fatto parte della squadra All-Star, ma ancora una volta l'Ovest ha vinto.

2012-2013

La stagione in corso è stata quella del 25° anniversario della franchigia dei Miami Heat, che ancora una volta era pronta a svettare su tutti gli altri. Alla loro terza stagione insieme, LeBron, Dwyane e Chris erano ormai una macchina ben oliata e le statistiche lo dimostravano. Fu un anno straordinario. Reduci dal campionato, avevano molto da dimostrare e non avrebbero deluso i tifosi. I Miami Heat hanno ottenuto la seconda striscia di vittorie più lunga della storia dell'NBA con 27 partite, a partire dal 3 febbraiord e per 53 giorni. LeBron è stato ancora una volta nominato "Most Valuable Player", mancando di un solo voto l'assegnazione all'unanimità.

Nei playoff, hanno sconfitto i Bucks per 4-0, hanno affrontato i Bulls con una vittoria per 4-1 e hanno incontrato gli Indiana Pacers nelle finali di conference. I Pacers li hanno spinti al limite. Si arriva a sette partite, con l'ultima partita della serie giocata sul campo di casa. Gli Heat si sono imposti con il punteggio finale di 99-76 e sono passati alla finale contro i San Antonio Spurs. Ancora una volta, gli Heat sono stati spinti a sette partite e la settima gara è stata giocata a Miami. LeBron ha realizzato 37 punti, 12 rimbalzi e 4 assist. Gli Heat vincono ancora una volta il campionato e, per il secondo anno consecutivo, LeBron viene nominato "Most Valuable Player" delle Finals.

2013-2014

In un'altra stagione inarrestabile, i Miami Heat sono stati la squadra da tenere d'occhio. Dopo aver vinto due volte il campionato, la pressione sulle prestazioni era immensa. Lentamente, l'immagine di LeBron si stava riabilitando e la gente cominciava a considerarlo di nuovo uno dei migliori giocatori di tutti i tempi. Erano passati diversi anni da quando era stata presa la decisione di trasferirsi a Miami e finalmente si stava liberando del suo personaggio malvagio. Era di nuovo un re. Gli Heat disputarono un'ottima stagione regolare, e così LeBron. In una partita contro gli Charlotte Bobcats, LeBron segna un record di carriera di 61 punti. Si tratta anche di un record di franchigia. Tuttavia, questo non è bastato a LeBron per vincere il titolo di "Most Valuable Player" della stagione regolare, che è andato al suo rivale Kevin Durant.

Nei playoff, gli Heat hanno sconfitto gli Charlotte Bobcats per 4-0, hanno affrontato i Brooklyn Nets e li hanno battuti per 4-1, e hanno incontrato nuovamente gli Indiana Pacers, sui quali hanno ottenuto una vittoria per 4-2 nella serie. In finale, è arrivato il momento di sfidare ancora una volta i rivali, i San Antonio Spurs. Reduci dalla sconfitta dell'anno precedente, gli Spurs erano una squadra determinata e non volevano altro che battere gli Heat in finale. La serie si conclude in sole cinque partite, con gli Heat che si accontentano di una sola vittoria. In questo modo, i loro sogni di triplete si infransero.

Non era questo il modo in cui LeBron voleva concludere la sua ultima stagione con gli Heat. Tuttavia, aveva portato la franchigia a un successo senza precedenti e aveva distrutto i record durante la sua permanenza, quindi non c'era motivo di non tenere alta la testa per tutto il duro lavoro svolto.

Nell'All-Star Game della stagione 2013-2014, l'Est è finalmente riuscito a battere l'Ovest, con LeBron in testa alla classifica dei rimbalzi.

Ritorno a Cleveland

Il 1° luglio 2014, LeBron è diventato ancora una volta free agent. Proprio come l'ultima volta che è successo, ci sono state molte speculazioni su dove LeBron sarebbe andato questa volta. La sua immagine era stata riabilitata e, dopo aver guidato i Miami Heat a due campionati, era ancora più ricercato di prima. Certo, c'era di nuovo l'hype, ma questa volta LeBron era infinitamente più maturo. Non aveva intenzione di fare un'altra apparizione televisiva in cui annunciava la sua decisione e non avrebbe permesso a nessuno di distorcere le sue parole. Voleva che questo nuovo passo venisse direttamente dalla sua bocca. LeBron ha deciso di annunciare la sua decisione attraverso una lettera aperta alla rivista *Sports Illustrated*. Voleva parlare direttamente ai tifosi e alla franchigia e far sapere loro che sarebbe tornato a casa a Cleveland.

Nella sua lettera LeBron ha scritto a lungo della sua decisione. Ha riflettuto sul periodo in cui è cresciuto in Ohio e su come questa sia sempre stata la sua casa. Ha sottolineato che si è trasferito a Miami per l'opportunità di giocare con Dwyane Wade e Chris Bosh, e non ha mai parlato male della squadra. Si è divertito molto con gli Heat ed è grato per la possibilità di aver vinto con loro. Ora era giunto il momento di tornare e aiutare anche Cleveland a realizzare i propri sogni. In questa lettera ha parlato apertamente del fatto che non poteva promettere un campionato e che sapeva che sarebbe stato un lavoro duro. Non si è illuso di poter arrivare a Cleveland e di poter fare subito risultato, ma sapeva che avrebbe lavorato sodo per portare la squadra alla gloria. Ha detto di essere entusiasta di giocare con i suoi ex compagni di squadra e con altri giocatori che si sono uniti alla squadra, sottolineando l'importanza del lavoro di squadra. Ha concluso la lettera scrivendo: "Nel Northeast Ohio, nulla è regalato. Tutto è guadagnato. Si lavora per ciò che si ha. Sono pronto ad accettare la sfida. Torno a casa".

Dopo la partenza di LeBron, Cleveland ha disputato diverse stagioni negative. I tifosi non vedevano l'ora di vedere cosa sarebbe riuscito a fare LeBron con la squadra ora che era tornato. Un altro fatto molto eccitante è che LeBron non era l'unica stella che si sarebbe unita alla squadra. Cleveland è riuscita ad acquisire Kevin Love dai Minnesota Timberwolves. Inoltre, avevano l'All-Star Kyrie Irving, che era stato scelto nel 2011. Forse si sarebbe lasciato alle spalle una super-squadra, ma non avrebbe giocato con giocatori praticamente sconosciuti. Sarebbe stato di nuovo con i migliori e i più talentuosi.

I tifosi erano pronti a riaccoglierlo a braccia aperte. La gente è stata toccata dalla sua lettera e ha visto che era veramente pronto a lavorare per un campionato a Cleveland. Coloro che lo avevano abbandonato e fischiato in campo per anni erano ora pronti a vedere la sua redenzione.

2014-2015

LeBron è tornato a Cleveland con una mentalità forte. Era pronto a dare battaglia e ad assicurarsi che la sua città natale vedesse la gloria per la prima volta nella storia della franchigia. Voleva assicurarsi di essere colui che li avrebbe portati a questo risultato ed era entusiasta della prospettiva di giocare con la squadra. Con il suo ritorno, Cleveland ha vissuto un'annata eccezionalmente stellare. Durante la stagione regolare, la squadra ottenne un record di 53-26 e riuscì a raggiungere i playoff.

Nel primo turno dei playoff, la squadra spazza via i Boston Celtics e incontra i Bulls nelle semifinali di conference. I Cavaliers si sono imposti sui Bulls con una vittoria per 4-2, con LeBron che ha realizzato 38 punti in gara 5. Successivamente, è stata la volta delle finali di conference contro gli Atlanta Hawks, e i Cavaliers sono stati così dominanti da vincere la serie per 4-0. A 30 anni, LeBron si appresta a raggiungere di nuovo le finali. È il primo giocatore dopo Bill Russell nel 1960 a raggiungere cinque finali consecutive. In finale, la squadra affronta i Golden State Warriors, che hanno dalla loro parte la superstar Stephen Curry. In gara uno, LeBron ha segnato 44 punti, perdendo comunque. In gara due, LeBron segna 39 punti e pareggia la serie. I ragazzi vincono anche la terza partita, portandosi in testa alla classifica. In seguito, il disastro si è abbattuto sulla squadra, che ha perso tre partite di fila, chiudendo la serie con una sconfitta per 4-2. Quell'anno

LeBron non vinse il titolo di "Most Valuable Player" delle Finals, anche se i voti a suo favore furono numerosi.

La popolarità di LeBron è tornata a crescere. Nell'All-Star Game di quell'anno, LeBron spazzò via tutti gli altri giocatori della Eastern Conference con oltre 1,4 milioni di fan che lo votarono come MVP. L'Est perse, ma LeBron era tornato a casa e viveva il sogno di aiutare Cleveland. Aveva in mente cose più importanti.

2015-2016

Il successo di Cleveland era solo all'inizio. Questo sarebbe stato il loro anno più importante, e altri successi dovevano ancora arrivare. La squadra ha concluso la stagione regolare in testa alla Eastern Conference. Per una squadra che aveva passato gli ultimi anni a cercare di non finire in fondo alla classifica, si trattava di un miglioramento incredibile e per il secondo anno consecutivo ha raggiunto i playoff. La capacità di LeBron di guidare una squadra era ineguagliabile. È stato in grado di trasformare qualsiasi gruppo di giocatori in grandi successi, e tutto questo è solo un'altra parte di ciò che lo rende uno dei più grandi giocatori di tutti i tempi.

Nei playoff, Cleveland vince i primi due turni contro i Pistons e gli Hawks per 4-0. Le finali di conference sono state disputate contro i Toronto Raptors, che hanno perso due e tre partite per poi rimontare con altre due vittorie, concludendo la serie con una vittoria in gara-6 in cui LeBron ha segnato 33 punti. La partita si è giocata a Toronto, perdendo così il vantaggio del pubblico di casa, ma riuscendo comunque ad arrivare in finale. Questa sarebbe stata la sesta finale consecutiva per LeBron.

I Cavaliers si apprestavano a disputare la serie di finale contro i campioni dello scorso anno, i Warriors, e sarebbe stata una rivincita. Avevano tutto da dimostrare e non avevano intenzione di prendere sottogamba questa sfida. Tanto per cominciare, Cleveland ha perso le prime due partite con punteggi da capogiro (104-89 e 110-74). Le cose non si mettevano bene. Nella terza partita, giocata in Ohio, sono riusciti a rimontare con una vittoria, per poi perdere di nuovo nella quarta. Ora erano sotto 3-1 e sull'orlo dell'eliminazione per la seconda volta in due anni. Tuttavia, come forse saprete, tutto stava per capovolgersi. I Cavaliers tornarono con altre due vittorie in gara 5 e 6, pareggiando la serie e portandola a gara 7, che si sarebbe giocata a Oakland. Azzarderei l'ipotesi che questa sia una delle partite di basket più rigiocate della storia. Fu ricca di colpi di scena ed entrambe le squadre giocarono al meglio delle loro possibilità. Era un incontro tra titani e tutti erano determinati a lasciare un segno nella storia. LeBron ci è riuscito. Potreste ancora sentire queste parole riecheggiare nella vostra mente, Mike Breen che chiama: "Iguodala a Curry, di nuovo a Iguodala, per un lay-up. Bloccato da James! LeBron James respinge!". Il video di questo storico blocco ha superato i tre milioni di visualizzazioni su YouTube, e gli appassionati di basket non dimenticheranno mai il momento in cui LeBron è balzato in aria per bloccare il tiro di Andre Iguodala a meno di due minuti dalla fine, ribaltando l'intera partita.

L'elenco dei record ottenuti grazie a questa partita è incredibile. Innanzitutto, Cleveland è uscita vincitrice dalla stagione 2015-2016, segnando la prima vittoria della franchigia in tutta la sua storia e diventando la prima squadra di Cleveland a vincere un campionato sportivo importante in 52 anni. I Cavaliers sono diventati anche la prima squadra nella storia dell'NBA a vincere una serie di finali dopo una partita persa per 3-1. Anche i record personali di LeBron sono sbalorditivi. È diventato solo il terzo giocatore nella storia dell'NBA ad avere una tripla-doppia in gara sette. È stato inoltre premiato come "Most Valuable Player" delle Finals per la terza volta.

Le emozioni di LeBron dopo il suono della sirena di questa partita erano palpabili. Dopo aver abbracciato i compagni di squadra e lo staff tecnico, si è accasciato a terra, sopraffatto dalla grande impresa che aveva compiuto. È riuscito a portare il campionato nella città che tanto amava. Il suo percorso non è stato facile. Era un povero ragazzo di Akron che aveva raggiunto il successo molto presto e la fama si era impossessata della sua vita troppo presto. Finì per diventare uno dei giocatori di basket più odiati di tutti i tempi, per poi tornare in una squadra che aveva parlato male di lui solo pochi anni prima. Ora poteva tenere alto il trofeo e dire al mondo che aveva fatto del bene. Ce l'aveva fatta. In una famosa battuta, gridò: "Cleveland. Questo è per voi". Ed è stato davvero tutto per loro. LeBron James, il prescelto, aveva fatto ciò che nessun altro giocatore nella storia di Cleveland era riuscito a fare.

2016-2017

I Cleveland Cavaliers erano ormai i campioni in carica dell'NBA. Avevano dimostrato al mondo di essere una squadra da non sottovalutare e LeBron veniva costantemente definito il più grande giocatore di tutti i tempi. Hanno disputato una buona stagione regolare, classificandosi come seconda squadra della Eastern Conference. LeBron realizza una media di 26,4 punti, con un massimo in carriera di 8,6 rimbalzi e 8,7 assist. La squadra ha battuto il record NBA di tiri da tre punti effettuati in una singola partita contro gli Atlanta Hawks, dove ha realizzato 25 triple.

Nei playoff, ancora una volta hanno spazzato via le squadre contro cui avevano giocato nei primi due turni, vincendo 4-0 contro i Pacers e i Raptors. In finale di conference affrontano i Celtics, che battono per 4-1. In gara-5 della serie, LeBron diventa il leader di tutti i tempi dei playoff dell'NBA, superando Michael Jordan, che deteneva il titolo in precedenza. In quest'ultima partita della serie ha segnato 35 punti. Per il sesto anno consecutivo, quindi, LeBron è in finale. Anche i Golden State Warriors erano tornati, rendendo così la terza volta in tre anni che queste due squadre si sarebbero affrontate per il campionato, creando una delle più grandi rivalità di tutti i tempi. I Warriors hanno avuto una piccola scossa in questa stagione, ingaggiando Kevin Durant, noto per essere il più grande rivale sportivo di LeBron. Non solo avevano uno dei più grandi tiratori di tutti i tempi,

Stephen Curry, ma anche Durant, un giocatore potente e vincitore del titolo di "Most Valuable Player" nel 2014. Hanno dominato la stagione regolare e sono pronti ad affrontare Cleveland. I Cavaliers persero le prime tre partite della serie e si salvarono con una vittoria in gara-4 per evitare l'eliminazione. La quinta partita si è giocata a Oakland e Cleveland è stata sconfitta con il punteggio di 129-120. I Golden State Warriors sono di nuovo campioni. Come se non bastasse, Kevin Durant è stato nominato all'unanimità "Most Valuable Player" delle Finali.

2017-2018

Non solo Cleveland stava tornando da una grande perdita nel 2017, ma aveva anche perso uno dei suoi giocatori più preziosi. Kyrie Irving è stato ceduto ai Boston Celtics, lasciando la squadra per cui aveva giocato fin dal suo anno da rookie. Secondo quanto riferito, c'erano tensioni tra Kyrie e LeBron e i commentatori sostengono che il giocatore non avrebbe mai voluto che LeBron tornasse a Cleveland. Pensava che la squadra stesse facendo abbastanza bene senza di lui e si sentiva frustrato dal ritorno del figliol prodigo. Si dice che, mentre LeBron giocava ancora con gli Heat, abbia detto a Kyrie: "Continua così, continua a fare quello che stai facendo. Non si sa mai, un giorno potrei tornare qui". Kyrie rimase sconcertato da questo commento e non era mai stato contento di giocare al fianco della superstar.

I Cavaliers e LeBron non sono stati turbati dalla partenza di Kyrie. I Cavaliers hanno avuto un'incredibile striscia di vittorie nella stagione regolare e LeBron ha continuato a dare il meglio di sé. Contro i Washington Wizards ha segnato 57 punti, pareggiando il suo massimo in carriera e segnando il massimo stagionale dell'NBA in quella fase. Nel post-partita ha dichiarato di sentirsi al meglio della sua carriera. Questo avrebbe messo paura ai suoi avversari. Come poteva qualcuno che aveva già ottenuto così tanti successi migliorare? Era possibile fermare questo grande uomo? Molti ci provarono e molti fallirono. Non è stato esente da sconfitte, ma è stato indiscutibilmente il giocatore più dominante in campo. LeBron ha anche dovuto affrontare la sua prima espulsione in campo durante questa stagione. I Cavaliers stavano giocando contro la sua vecchia squadra, gli Heat, quando l'arbitro non ha fischiato un fallo. LeBron è corso verso l'arbitro e ha tirato un pugno in aria, ricevendo un'ammonizione. Quando ha continuato a discutere, è stato espulso. In seguito a questo incidente, la stagione dei Cavaliers è precipitata e ha subito diverse sconfitte. LeBron era determinato a ribaltare la situazione per la sua squadra e lo ha fatto, assicurandosi che i Cavaliers raggiungessero nuovamente i playoff. Durante la stagione regolare, LeBron ha battuto un record con 867 partite consecutive in doppia cifra, superando il precedente record di Michael Jordan.

Nei playoff hanno vinto dopo sette partite contro gli Indiana Pacers. Poi hanno giocato contro i Toronto Raptors in semifinale, dove hanno vinto 4-0 la serie. LeBron ha realizzato uno dei suoi famosi tiri vincenti nella terza partita di questa serie. Il punteggio era di 103-103 a otto secondi dalla fine, quando LeBron dribblò il lato sinistro della chiave e mise a segno un difficile tiro dal vetro. La squadra avanza alle finali di conference contro il suo ex compagno di squadra Kyrie Irving e i Boston Celtics, vincendo la serie in sette partite. Ancora una volta, si ritrovano ad affrontare i Golden State Warriors. In gara-1, LeBron ha stabilito il suo massimo in carriera nei playoff con 51 punti segnati. Nonostante questo enorme risultato, Cleveland perse comunque la prima partita, cosa che fece infuriare James. Era così arrabbiato che ha preso a pugni una lavagna nello spogliatoio e si è quasi rotto una mano. Nonostante l'infortunio e l'ingessatura durante gli allenamenti, LeBron riesce a essere il miglior giocatore dei Cavaliers per il resto della serie. Alla fine i Cavaliers persero il campionato ancora una volta contro i Warriors con uno sweep di 4-0.

Oltre a incontrare nuovamente Stephen Curry in finale, LeBron ha giocato contro di lui anche nell'All-Star Game, dove i due hanno guidato ciascuna squadra. Questa volta LeBron ha avuto il meglio su Curry, vincendo la partita 148-145, ed è stato nuovamente premiato come "Most Valuable Player" dell'All-Star Game.

I Los Angeles Lakers

Per la terza volta nella sua carriera, LeBron era di nuovo free agent. La sua decisione è stata presa rapidamente, annunciando il 1° luglio 2018 che si sarebbe unito ai Los Angeles Lakers. Questa volta la gente non si è infuriata per il fatto che avrebbe lasciato di nuovo Cleveland. Era venuto per realizzare il suo piano ed era riuscito a vincere il campionato e a partecipare a due finali consecutive. Aveva ottenuto tutto quello che poteva con questa squadra ed era pronto per un nuovo capitolo. La gente ipotizza che LeBron abbia fatto solo quello che voleva fare. Voleva giocare per i Lakers e questo era l'unico motivo della sua decisione. I Lakers sono probabilmente la squadra più famosa del mondo e hanno dominato la storia del basket. Alcuni dei più grandi giocatori di sempre, tra cui Kobe Bryant, si sono affermati in questa squadra e LeBron stava per entrare a far parte di questa eredità.

Nonostante i successi precedenti, i Lakers avevano bisogno di una superstar. Erano anni che non raggiungevano i playoff e ancora di più che non li vedevano in finale. Avevano bisogno di sangue fresco per ripartire. LeBron era pronto a farlo.

2018-2019

LeBron ha iniziato la stagione regolare con i Lakers alla grande, giocando bene per tutte le prime partite. Sfortunatamente, la tragedia si è abbattuta all'inizio della sua permanenza a Los Angeles e il giocatore si è infortunato seriamente per la prima volta nella sua carriera. Un grave infortunio all'inguine lo mette fuori gioco per 17 partite consecutive. Questo è stato il periodo più lungo che LeBron abbia mai trascorso fuori dal campo e il mondo del basket sembrava strano senza di lui. La squadra si sgretola senza di lui e, per la prima volta dal 2005, LeBron James non giocherà i playoff. Questo ha messo fine anche alla sua striscia di finali e ha rappresentato un anno buio nella sua vita.

Il Team LeBron ha sconfitto il Team Giannis nell'All-Star Game di quell'anno, quindi la sua stagione 2018-2019 non è stata priva di vittorie. Ora che giocava nella Western Conference, era al fianco del suo rivale Kevin Durant, che quell'anno ha vinto il premio "Most Valuable Player" dell'All-Star Game.

2019-2020

I Los Angeles Lakers hanno voluto dare una scossa. Nella stagione 2019-2020 hanno assunto il nuovo allenatore Frank Vogel per guidare la squadra. Inoltre ingaggiano la superstar Anthony Davis dai New Orleans Pelicans per garantire a LeBron un supporto in campo. La stagione regolare è stata straordinaria. Con un record di 17-2, hanno iniziato la stagione con la migliore partenza nella storia della franchigia e sono stati definiti dagli allenatori avversari la migliore squadra del campionato.

Nonostante questo inizio d'anno positivo, il 2020 è stato segnato da una tragedia. Appena un giorno dopo che LeBron aveva superato Kobe Bryant come terzo miglior marcatore durante la stagione regolare, Kobe morì tragicamente in un incidente in elicottero. Questo evento ha sconvolto il mondo del basket nel profondo. LeBron e Kobe erano grandi amici e lui ha parlato pubblicamente di quanto questo grande uomo fosse importante per lui. Per i Lakers è stato difficile riprendersi. Volevano dimostrare che avrebbero continuato a giocare nel nome di Kobe e a portare la squadra al successo come aveva fatto lui, ma allo stesso tempo erano in lutto. Pochi mesi dopo, un'ulteriore tragedia si verificò quando il mondo fu colpito dalla pandemia COVID-19 e fu bloccato a livello globale. Questo accadde nel bel mezzo della stagione regolare e non si sapeva quando il basket sarebbe tornato.

L'NBA escogitò un piano. Ci sarebbe stata una cosa chiamata "NBA Bubble", una zona di isolamento per tutti i giocatori. Tutte le squadre vennero trasferite a Orlando, in Florida, dove avrebbero gareggiato in assenza di pubblico e avrebbero dovuto indossare maschere quando non erano in campo. Si trattava del più grande cambiamento che l'NBA avesse mai visto e i giocatori dovettero adattarsi rapidamente a queste nuove condizioni. Erano separati dalle persone che amavano guardare questo sport e molti erano separati dalle loro famiglie. Non è stato facile, eppure hanno perseverato.

I Lakers prosperano in queste condizioni. Al termine della stagione regolare, i Lakers erano la testa di serie numero uno della Western Conference. LeBron termina la stagione regolare come leader della lega per numero di assist per la prima volta nella sua carriera. La squadra avanza comodamente ai playoff, dove incontra prima i Portland Trail Blazers e poi gli Houston Rockets. Entrambe le serie vengono vinte dai Lakers in cinque partite. In finale di conference incontrarono i Denver Nuggets, dove vinsero anch'essi per 4-1. LeBron ha realizzato 38 punti, 16 rimbalzi e 10 assist in gara 5, diventando il quarto giocatore a raggiungere 10 finali NBA. In finale, i Miami Heat, la vecchia squadra di LeBron, si sono sfidati per vincere il campionato contro il loro precedente compagno di squadra. La serie si è protratta per sei partite e LeBron e i Lakers sono emersi come vincitori della strana stagione 2019-2020. I Lakers ricevettero il campionato in un'arena vuota e senza tifosi a festeggiare, ma erano comunque al settimo cielo per la vittoria. L'avevano fatto per Kobe. Questo è stato il quarto campionato di LeBron, che è stato anche premiato come "Most Valuable Player" delle Finals per la quarta volta. È diventato il giocatore più anziano nella storia della lega a vincere il premio. Questa è stata la terza squadra con cui ha vinto un campionato, il che è già di per sé un record.

Prima della pandemia, quell'anno Chicago ha ospitato l'All-Star Game. La squadra di LeBron contro quella di Giannis è stata ancora una volta la vincitrice di questo evento ricco di stelle.

2020-2021

Come campioni della stagione precedente, Los Angeles voleva vedere il suo successo continuare. A causa della pandemia, l'NBA ha vissuto la più breve off-season della storia. Quando tornarono a giocare, LeBron era pronto a continuare a battere i record. Il giorno del suo 36° compleanno è riuscito a stabilire un'altra pietra miliare giocando contro i San Antonio Spurs. La sua 26a partita della stagione ha segnato 1.000 partite consecutive con un punteggio di almeno 10 punti a partita. James ha subito un altro infortunio in questa stagione. In una partita contro gli Atlanta Hawks si è procurato una distorsione alla caviglia, ma non prima di aver realizzato un gioco da tre punti che gli ha garantito comunque 10 punti in quella partita. Purtroppo, dopo questo infortunio, LeBron ha dovuto prendersi 20 partite di pausa, stabilendo un nuovo record di partite perse in carriera. I Los Angeles Lakers hanno faticato senza di lui e sono riusciti a malapena a raggiungere i playoff. Al suo ritorno, LeBron realizza il tiro della vittoria per battere i Warriors per 103-100.

I LA Lakers non sono stati così fortunati quest'anno. Con LeBron fuori per un periodo di tempo significativo e il suo compagno di squadra Anthony Davis che ha subito un infortunio all'inguine, non sono riusciti a superare il primo turno dei playoff. Hanno perso contro i Phoenix Suns in 6 partite.

L'All-Star Game 2020-2021 ha visto il Team LeBron affrontare il suo rivale, il Team Durant. Il Team LeBron ha vinto con 20 punti di vantaggio, segnando un'altra vittoria per James.

2021-2022

Nella stagione 2021-2022 i Lakers hanno messo a segno due acquisti entusiasmanti. Hanno ingaggiato le superstar Carmelo Anthony e Russell Westbrook, diventando così ufficialmente una delle maggiori forze da tenere in considerazione. LeBron era appassionato quest'anno. Voleva portare ulteriore fama alla sua squadra e vederla prosperare, ma questa passione ha portato a conseguenze terribili. In una partita contro i Detroit Pistons durante la stagione regolare, LeBron è stato espulso dalla partita per la seconda volta nella sua carriera. Si stava "scontrando" con il giocatore avversario Isaiah Stewart, cercando di ottenere un rimbalzo. Sembra che abbia spinto Stewart, facendolo cadere a terra con il volto coperto di sangue. L'allenatore dei Pistons ha poi dichiarato che l'occhio era "spaccato". In seguito all'incidente, è scoppiata una rissa ed entrambi i giocatori sono stati costretti a lasciare il campo dall'arbitro. LeBron è stato sospeso per una partita.

Questo non lo avrebbe rallentato. Nel corso della stagione, LeBron è diventato il terzo giocatore NBA a superare i 36.000 punti in carriera. LeBron ha inoltre eguagliato Michael Jordan, diventando il secondo giocatore nella storia dell'NBA a segnare 40 punti e senza turnovers all'età di 35 anni. I riconoscimenti non si sono fermati qui. È diventato il giocatore più anziano della storia a segnare almeno 25 punti in 10 partite consecutive. Ha superato Kareem Abdul-Jabar per il maggior numero di punti segnati in una stagione ed è diventato il giocatore con il maggior numero di minuti in una stagione regolare. In questa stessa stagione, LeBron ha segnato 50 punti in due partite, stabilendo un record per la sua carriera ai Lakers. Purtroppo, i Lakers non sono riusciti a raggiungere i playoff.

LeBron ha avuto un'annata straordinaria, che comprende anche la sua prestazione all'All-Star Game. È stata la sua 18a presenza consecutiva in questa partita, a pari merito con il suo amico ed eroe Kobe per il secondo maggior numero di presenze, subito dopo Kareem. È stato il giocatore più votato per questa partita e la squadra è stata ancora una volta intitolata a lui. È stato il loro leader impavido che ha fatto in modo di battere nuovamente Kevin Durant nella competizione. Ha anche segnato il tiro della vittoria, portando a casa la vittoria con il punteggio finale di 163-161.

Squadra USA

Torniamo indietro con la mente agli inizi della carriera di LeBron. È il 2008 e le Olimpiadi di Pechino stanno per conquistare il mondo. LeBron, una delle più grandi stelle del basket mondiale, era una delle scelte più ovvie per la squadra. Si sarebbe unito al rivale e amico Kobe per formare quella che veniva chiamata la "Squadra della redenzione" o "Squadra del riscatto". Gli Stati Uniti avevano sempre dominato nella pallacanestro, ma quando la squadra vinse solo il bronzo alle Olimpiadi del 2004, si accese un fuoco sotto il Team USA. Avrebbero dovuto tornare con una vendetta. La squadra era un evento All-Star. Vennero selezionati Dwayne Wade e Chris Paul, oltre a Chris Bosh e Carmelo Anthony. Erano destinati al successo. Nei quarti di finale, hanno eliminato l'Australia con un punteggio finale di 116-85. In semifinale hanno fatto lo stesso con l'Argentina, vincendo 101-81. In finale hanno incontrato la Spagna, guidata dalla superstar dell'NBA Pau Gasol. Riuscirono ad assicurarsi la vittoria e la medaglia d'oro, battendoli per 118-107. LeBron è ora una medaglia d'oro olimpica.

Londra 2012 è stata un'altra Olimpiade entusiasmante. La squadra è rimasta per lo più la stessa, così come la formazione che ha raggiunto la finale. Prima hanno incontrato di nuovo l'Australia, vincendo per 119-96. Poi l'Argentina, che hanno battuto per 109-83. Poi, l'Argentina, che hanno battuto 109-83. I punteggi sono stati molto simili a quelli delle Olimpiadi precedenti. Ancora una volta, la finale è stata vinta dalla Spagna. Questa volta gli Stati Uniti si sono imposti con una vittoria per 107-100. LeBron ha guidato la squadra con 4 assist. Sono ufficialmente due volte campioni del mondo e medaglie d'oro.

Con tutti questi riconoscimenti e record infranti, non posso fare a meno di pormi una domanda: LeBron James è il più grande giocatore di tutti i tempi? Esaminiamo la questione.

CAPITOLO 5: IL G.O.A.T.?

Nella storia dell'NBA molti hanno dibattuto su questo argomento. Chi è il più grande giocatore di tutti i tempi e come si decide? È una domanda a cui è difficile rispondere. Ogni nuova generazione gioca con regole diverse. In passato c'era molto più contatto in questo sport e molti meno spostamenti. Oggi gli arbitri ci vanno giù pesante con qualsiasi contatto e ci sono molti più falli forzati per segnare punti. È quasi impossibile stabilire chi sia il migliore tra i migliori. Eppure, il dibattito non si ferma mai.

Il nome di LeBron James è sempre presente in questa discussione. È impossibile discutere del più grande giocatore di tutti i tempi senza considerare il suo contributo a questo sport. Ha distrutto record e domina fisicamente praticamente chiunque gli capiti a tiro. Ha realizzato alcuni dei tiri più memorabili della storia del basket. Nessuno dimenticherà mai quando i Cavaliers hanno rimontato da un deficit di 3-1, hanno vinto tre partite di fila e si sono imposti sui Golden State Warriors nella stagione 2015-2016. Ripensate ai tiri incredibili, ai blocchi fenomenali e alle decine di assist che LeBron è stato in grado di registrare durante quella stagione. Poi pensate a come ha riportato Cleveland dall'orlo della sconfitta. Tutte le partite All-Star, tutte le vittorie come "Most Valuable Player", ha fatto tutto questo e ha dimostrato di dover far parte al 100% della conversazione.

Quindi, chi altro c'è? Chi sono i più grandi rivali di LeBron in questa discussione? La risposta è: tutti i grandi cestisti che si possono immaginare. Il principale contendente è, ovviamente, Michael Jordan, che ha catapultato il basket nella coscienza pubblica. Ai suoi tempi era davvero inarrestabile e la gente pensava davvero che fosse stato creato dagli dei. Poi ci sono Magic Johnson e Kobe Bryant, entrambi giocatori straordinari che hanno infranto record e attirato grandi folle grazie alle loro fenomenali capacità. Dato il divario generazionale, Kobe è l'unica persona che si è effettivamente scontrata con LeBron nella sua carriera ed è stato spesso sconfitto dal giocatore più giovane. È difficile capire come sarebbe stato se Kobe fosse stato al suo apice. È anche difficile immaginare Michael Jordan con un gioco meno aggressivo. Come se la sarebbe cavata LeBron nella sua epoca o in quella di Magic?

Potrebbe sembrare inutile continuare a girare in tondo su chi sia davvero il più grande di tutti i tempi, ma in realtà è uno dei dibattiti più interessanti del basket di oggi. È fonte di grandi discussioni e rende lo sport ancora più interessante. Indipendentemente dal lato della barricata, bisogna ricordare che il nome di LeBron è ben saldo in questa discussione e i suoi fan non lasceranno mai morire la sua eredità.

CAPITOLO 6: PIÙ DI UN ATLETA

LeBron James non è solo basket. Ha una grande personalità e le persone seguono ossessivamente la sua vita attraverso le interviste e i social media. È uno degli sportivi più amati al mondo e la gente di tutto il mondo è rapita da lui. Certo, è considerato da commentatori e tifosi il "volto dell'NBA". Tuttavia, c'è molto di più in lui. È un uomo di famiglia, un imprenditore, ha lavorato nel cinema ed è un fiero attivista. Ha parlato molte volte delle ingiustizie nel mondo, in particolare in America, contro le persone di colore e ha lasciato il segno nella storia in più di un modo.

Nel 2019, LeBron è stato nominato dalla *rivista TIME* come una delle persone più influenti dell'anno nella sua lista annuale. Non si trattava del suo periodo in campo. Le sue prestazioni avevano fatto crollare i record e la gente era in soggezione, ma la rivista si è concentrata invece sul suo lavoro filantropico. La rivista invita un'altra persona influente a parlare dei successi della persona premiata, e LeBron è stato citato dal magnate degli affari Warren Buffett. I due sono amici improbabili, ma dopo il loro incontro nel 2007, LeBron ha iniziato a considerare Warren come uno di famiglia, chiamandolo affettuosamente "zio Warren". Warren ha assistito a bordo campo a molte partite di LeBron e i due sono molto legati. Ciò che ha colpito maggiormente Warren di LeBron non è solo la sua abilità nel basket; ha scritto per il *TIME Magazine* del suo lavoro fuori e dentro il campo. A proposito della fondazione di LeBron, I Promise School, ha detto che ha fatto "una differenza positiva nelle loro vite".

Nel 2020, LeBron è stato nominato atleta dell'anno dalla *rivista TIME*. Il redattore senior, Sean Gregory, ha scritto a lungo sul contributo di LeBron alla lotta per l'uguaglianza razziale. È stato un leader nel mondo dello sport durante i disordini razziali del 2020 ed è stato un pioniere nell'affrontare il cambiamento in America.

LeBron continua a essere un pioniere in più modi. Non si tratta solo di un atleta, ma di molto di più.

LeBron, il padre di famiglia

LeBron James ha sposato la sua fidanzata del liceo nel 2013. Lei si chiama Savannah Brinson e i due hanno tre figli: i maschi LeBron Raymone "Bronny" James Jr e Bryce Maximus James e la figlia Zhuri James. I bambini sono la pupilla degli occhi del padre. LeBron attribuisce ai figli il merito di averlo reso un giocatore migliore. Dice che grazie alla sua famiglia ha imparato a essere un leader e un giocatore di squadra migliore.

Parla apertamente della sua capacità di essere padre, un aspetto molto importante per lui. LeBron parla della pazienza necessaria per essere padre e di come questo gli abbia insegnato a essere una persona migliore. È innamorato dei suoi figli e parla con affetto delle loro personalità e di ciò che gli hanno insegnato sulla vita.

I suoi due figli sono grandi promesse del basket. Bronny è uno dei migliori giocatori del liceo e sarà eleggibile per il draft NBA nel 2024. La prospettiva che LeBron possa giocare con suo figlio in campo, se continuerà la sua carriera cestistica così a lungo, è molto eccitante. Anche Bryce dimostra grandi capacità in campo e i fan non vedono l'ora di vedere l'eredità di James vivere attraverso questi due ragazzi. È interessante notare che il padrino di Bronny è la leggenda del basket Chris Paul, che è un buon amico della famiglia James. Zhuri è ancora troppo giovane perché si parli delle sue capacità cestistiche, anche se si è già preparata per una vita famosa. LeBron l'ha portata per la prima volta sul podio nel 2016 con i

Cleveland Cavaliers quando aveva solo due anni e ora, alla tenera età di sette anni, è popolare sia su YouTube che su TikTok.

LeBron è incredibilmente innamorato di sua moglie. Mentre i fan lo chiamano "il re", lui si riferisce a Savannah come "la regina". È stata al suo fianco fin da prima che la fama si impadronisse della sua vita, passando il tempo con lui sui campi da basket di Akron e guardandolo crescere fino alla superstar.

Gruppo sportivo Klutch

In una situazione unica per la sua carriera sportiva, LeBron è in realtà proprietario di un'agenzia sportiva insieme all'amico di lunga data e abitante di Cleveland, Rich Paul. Durante il Draft NBA del 2003, LeBron ha chiesto a Rich di essere al suo fianco, e lui ha effettivamente contribuito a mediare l'estensione di LeBron a Cleveland nel 2006. Nel 2012, i due hanno deciso di lasciare l'attuale agenzia di LeBron e di fondarne una propria.

Alcuni dei più grandi nomi del basket hanno firmato con Klutch Sports Group. Questo gruppo d'élite comprende Lonzo Ball, Anthony Davis, Draymond Green e Ben Simmons. Rappresentano anche stelle della NFL, tra cui Chase Young, DeVonta Smith e Ke'Shawn Vaughn. In tutto hanno 49 clienti. *Forbes* stima che l'agenzia guadagni 58,1 milioni di dollari in commissioni, definendo la sua ascesa al successo "fulminea" e definendola una delle agenzie sportive di maggior valore nel contesto attuale.

Carriera cinematografica

Non è raro che le star dello sport passino al cinema, ma pochi lo fanno mentre sono ancora dominanti in campo. Ancora meno sono quelli che hanno avuto successo e sono stati acclamati come LeBron James. La stella del basket ha fatto molte cose, tra cui doppiarsi come personaggio in un episodio dei *Simpson* e di *SpongeBob SquarePants*, oltre a interpretare se stesso in un episodio del popolare show *Entourage*.

Uno dei suoi ruoli più importanti è quello del film *Trainwreck* del 2015, dove interpreta ancora una volta se stesso. Qui è il migliore amico del famoso comico Bill Hader, che interpreta un medico sportivo. In questo film LeBron ha tempi comici fenomenali e pronuncia tutte le sue battute in modo incisivo.

Ad oggi, il ruolo cinematografico più importante della carriera di attore di LeBron è in *Space Jam: A New Legacy*. Qui, seguendo le orme del suo eroe Michael Jordan, ha fatto squadra con il cast dei *Looney Tunes* per un'epica battaglia intergalattica di basket. In questo film è affiancato dal compagno di squadra Anthony Davis, da Klay Thompson, Damian Lillard e dalle giocatrici della WNBA Nneka Ogwumike e Diana Taurasi. È troppo presto per dire se questo film diventerà un classico come l'originale di Michael Jordan, ma è già piaciuto a bambini e adulti di tutto il mondo.

Attivismo

La parte più importante del tempo trascorso da LeBron fuori dal campo è il suo sforzo di essere un forte attivista. Come ho detto in precedenza, è stato tenuto nella massima considerazione per il suo lavoro nel colmare il divario della disuguaglianza razziale in America, e continua a sostenere la causa. Dopo l'uccisione del giovane afroamericano Trayvon Martin, LeBron si è presentato con i suoi compagni di squadra di Miami in felpa nera con il capo chino per rendergli omaggio. Sulla sua scarpa aveva scritto: "RIP Trayvon Martin". La gente è rimasta scioccata nel vedere un cestista che si batte per le ingiustizie, ma questo è stato solo l'inizio delle proteste di LeBron contro la brutalità della polizia nei confronti della comunità afroamericana. Si è indignato quando Colin Kaepernick è stato bandito dalla NFL per essersi inginocchiato durante l'inno e ha parlato pubblicamente in sua difesa. Ha detto che Kaepernick era un leader della comunità e che era ispirato dalla sua posizione di giustizia. Nel 2014, durante il riscaldamento pre-partita, ha indossato una maglietta con la scritta "Non riesco a respirare", in omaggio a Eric Garner, ucciso da un agente di polizia. Ha raggiunto altri giocatori, che hanno fatto lo stesso durante il riscaldamento pre-partita, dimostrando che i giocatori dell'NBA non avrebbero tollerato questo tipo di brutalità. Ha parlato con i giornalisti, affermando che non si trattava solo di un caso, ma di un problema costante in America che non poteva essere tollerato. Nel 2020 ha indossato un cappello iconico per protestare contro l'uccisione di Breonna Taylor da parte della polizia. Il cappello recitava: "Rendi l'America di nuovo grande, arresta i poliziotti che hanno ucciso Breonna Taylor".

LeBron sa di avere una voce forte in America e la sta sicuramente sfruttando.

Zitto e dribbling

La giornalista Laura Ingraham di *FOX News* si è notoriamente opposta alla posizione di LeBron contro le ingiustizie. Era dell'opinione che i giocatori dovessero semplicemente "stare zitti e palleggiare" piuttosto che difendere ciò in cui credono. Non sapeva che con queste fatidiche parole si sarebbe acceso un fuoco nell'NBA. Ha poi aggiunto che non avrebbe accettato consigli politici da qualcuno che viene pagato milioni di dollari per far rimbalzare una palla. LeBron non avrebbe mai sopportato questo tipo di commenti. Ha risposto dicendo: "Non staremo certo zitti a palleggiare... Voglio dire, troppo per la società, troppo per i giovani, troppo per tanti ragazzi che sentono di non avere una via d'uscita".

Queste famose parole avrebbero innescato un movimento più grande. Nel 2018, LeBron James ha prodotto una serie di documentari in tre parti che prende il nome dalla citazione. La serie esplorava le ingiustizie politiche. Ha ripercorso la storia dei giocatori di basket che si sono battuti per ciò in cui credono e ha visto la partecipazione di star dello sport del passato e del presente che hanno raccontato le proprie esperienze. Ha sottolineato il coraggio di coloro che hanno preceduto LeBron, che hanno difeso il loro diritto di esprimersi e ha esplorato ogni aspetto della storia della pallacanestro per quanto riguarda le proteste politiche.

Soppressione degli elettori

Nel 2020, con il movimento Black Lives Matter più grande che mai, LeBron e i suoi compagni dell'NBA si sono inginocchiati durante l'inno nazionale. Ispirati da Colin Kaepernick, lui e i suoi compagni di squadra dei Lakers si inginocchiarono durante l'inno quando dovevano giocare contro i Clippers. Il fatto ha fatto notizia a livello internazionale e la gente ha mostrato ammirazione per la posizione assunta dai giocatori.

Il 2020 è stato un anno importante per l'America e questo è stato solo l'inizio del discorso di LeBron per ciò in cui crede. È stato un grande sostenitore del movimento per fermare la soppressione degli elettori negli Stati Uniti e ha parlato con passione di come questo non possa continuare. In vista delle prossime elezioni, sapeva di dover usare la sua voce per assicurarsi che questa pratica ingiusta non continuasse. Ha sostenuto la campagna "More Than a Vote" come una delle figure di riferimento di questo movimento. Ha continuato a indossare una maglietta "Black Lives Matter" durante il riscaldamento e ha trascorso il suo tempo fuori dal campo parlando del fatto che la bassa affluenza degli afroamericani al voto è un problema sistematico. Ha detto che le persone non erano informate su dove votare e si sentivano prive di diritti nell'intero processo perché, il più delle volte, non erano rappresentate.

Ha dichiarato pubblicamente di sostenere il candidato alla presidenza (e futuro presidente) Joe Biden e la sua compagna di corsa Kamala Harris e ha fatto campagna per loro attraverso le sue pagine sui social media.

Filantropia

LeBron è ancora il ragazzo di Akron. Non ha mai dimenticato le sue radici e non si è mai lasciato alle spalle la sua gente. Il suo lavoro filantropico si è concentrato sulla comunità locale, in particolare sui bambini. LeBron non ha avuto un'infanzia facile e vuole aiutare i bisognosi che lottano come lui.

Ha fondato la "LeBron James Family Foundation" con sede ad Akron e, grazie a questa, ha aperto una scuola chiamata "I Promise School", rivolta ai giovani a rischio e con la speranza di dare loro un'istruzione migliore. La scuola ha ottenuto grandi risultati.

Ha anche aperto un complesso residenziale "I Promise" e un Istituto "I Promise" presso l'Università di Akron.

Quando si avvicina ai 40 anni, non si può sapere cos'altro potrà fare questo grande uomo sia nella sua carriera che fuori dal campo.

CAPITOLO 7: COSA SUCCEDERÀ A LEBRON JAMES?

Sappiamo che LeBron è un uomo dalle labbra strette. Ecco perché il mondo si chiede: "Cosa succederà a LeBron James?". Con l'avanzare dell'età, è difficile immaginare che la sua carriera cestistica possa durare ancora a lungo, ma è ancora al top del suo gioco, quindi forse ha ancora qualche anno da giocare.

LeBron sarà libero nel giugno del 2023. Ha parlato candidamente del suo desiderio di essere nella lega con suo figlio, quindi forse continueremo a vederlo in campo fino al 2024, quando Bronny sarà pronto per entrare nell'NBA. Tuttavia, la domanda che sorge spontanea è: questo significa che resterà ai Lakers fino alla fine della sua carriera? Oppure tornerà alla squadra della sua città natale, i Cavaliers, o magari da qualche altra parte?

LeBron ha dichiarato: "Il mio ultimo anno lo giocherò con mio figlio... Ovunque sia Bronny, è lì che sarò. Farei di tutto per giocare con mio figlio per un anno. A quel punto non si tratta di soldi".

Ciò significa che qualunque squadra sia abbastanza fortunata da scegliere Bronny James sarà la squadra che vedrà la fine della carriera di LeBron. Si tratta di una responsabilità enorme per chiunque riesca a ingaggiarlo, e non c'è dubbio che ogni squadra non veda l'ora di vederlo indossare la propria maglia durante la sua ultima stagione. Sono sicuro che ogni tifoso di Cleveland spera che finisca con loro, perché sarebbe una bellissima conclusione simbolica del suo periodo in campo. È bello sapere che la sua decisione non si baserà sulla ricerca di ulteriori riconoscimenti o di denaro: vuole solo giocare con suo figlio. Sarà un duo che farà storia. Mentre molti figli hanno seguito le orme del padre in questo sport, come Stephen Curry e Kobe Bryant, nessuno ha mai giocato contemporaneamente. Sarà affascinante osservare come i due gestiranno le politiche e le tensioni che derivano dall'essere compagni di squadra.

Quando suo figlio potrà giocare nell'NBA, LeBron avrà 39 anni.

LeBron rimarrà senza dubbio una figura popolare nel mondo. Continuerà a usare la sua voce potente per chiedere il cambiamento e probabilmente lo vedremo in altri film e documentari. Il fatto che alla fine lascerà il campo non significa che questa sarà l'ultima volta che lo vedremo. Per lo meno, lo vedremo a bordo campo mentre si rallegra della carriera NBA del figlio. Forse anche di entrambi i suoi figli.

Scommetto che LeBron dedicherà molti dei suoi anni di carriera post-basket a continuare il suo lavoro con la scuola "I Promise". È sempre stato così appassionatamente coinvolto con Akron e si vanta ancora di essere un ragazzo del posto. Continuerà a fare di tutto per sostenere i bambini svantaggiati e sarà sempre più coinvolto nella gestione quotidiana della sua fondazione.

Considerate questo: pensate che LeBron seguirà le orme di giocatori come Steve Kerr per diventare allenatore? Lo vedremo in cabina di regia come Shaquille O'Neal? Quanto pensate che LeBron sarà coinvolto nel mondo del basket una volta finito?

Qualunque sia il caso, per ora possiamo solo guardare questo spazio. Potremo vedere LeBron giocare almeno un'altra stagione con i Lakers, e poi chissà dove andrà a finire. Non so voi, ma io non vedo l'ora di scoprirlo.

CONCLUSIONE

LeBron James è uno dei più grandi giocatori di tutti i tempi, se non il più grande. Ha ottenuto così tanti successi nella sua vita che è difficile credere che un solo uomo possa fare tutto questo. LeBron ha vinto due medaglie d'oro olimpiche e quattro campionati NBA con tre squadre diverse. È il quattro volte vincitore del premio NBA "Most Valuable Player", quattro volte vincitore del premio NBA Finals "Most Valuable Player" e ha vinto tre volte il premio All-Star Game "Most Valuable Player". Ha partecipato all'All-Star Game per diciotto volte consecutive. Ha segnato il secondo maggior numero di punti in carriera di tutti i tempi, più punti di qualsiasi altro giocatore nei playoff, e ha il settimo maggior numero di assist in carriera della storia. Con 10 presenze in finale è il terzo giocatore di tutti i tempi e tra il 2011 e il 2018 ha partecipato alle finali per otto volte consecutive.

LeBron ha iniziato la sua vita da bambino povero ad Akron, Ohio. Non aveva una vita familiare stabile. Ha dovuto andare a vivere con un'altra famiglia per assicurarsi un'istruzione e ha visto cose orribili fin da piccolo. Fin dalle scuole medie ha dimostrato di avere grandi doti cestistiche, ma è stata la sua etica del lavoro e la sua determinazione a garantirgli il successo. Al liceo era un giocatore fenomenale e, prima ancora di compiere 18 anni, era sulla copertina di riviste nazionali e la gente gli chiedeva l'autografo.

È stato la prima scelta dell'NBA e ha vinto il titolo di Rookie of the Year. È stato in grado di aiutare una squadra perdente a tornare dall'orlo dell'estinzione, dimostrando che un solo giocatore può davvero risollevare le sorti di un'intera città. La squadra della sua città, i Cleveland Cavaliers, è riuscita a raggiungere i playoff per la prima volta dal 1998 sotto la sua guida. Nel 2007 ha portato la città a un successo ancora più grande, quando la squadra ha raggiunto le finali per la prima volta nella storia della franchigia. Era destinato a diventare il salvatore di Cleveland. Sfortunatamente per i tifosi dei Cavaliers, avrebbero dovuto aspettare ancora un paio d'anni perché ciò si realizzasse. Nel 2010, LeBron prende la fatidica decisione di trasferirsi ai Miami Heat, segnando questa scelta come una delle decisioni più discusse della storia dello sport. Nessuno dimenticherà mai quella decisione, che avrebbe segnato gli anni successivi della vita di LeBron. Passò dall'essere il giocatore più amato in campo al più odiato. Ha incanalato questa energia e si è ritrovato con due anelli del campionato con gli Heat. Ha dimostrato che, a prescindere da ciò che dicevano gli altri, lui era lì solo per dare il meglio di sé. Nel 2014 era di nuovo un free agent e questa volta ha preso la decisione favorevole di tornare a Cleveland e di portarvi il campionato. Ci riuscì e la franchigia ottenne la sua prima vittoria in assoluto. Dopo aver finito di fare la storia di Cleveland, passa alla squadra più famosa del mondo, i Los Angeles Lakers. All'inizio ebbe un inizio difficile, ma riuscì a vincere un campionato anche qui.

LeBron non è solo basket. È un padre di famiglia, una star del cinema, un imprenditore e, soprattutto, un attivista. Ha usato la sua voce potente e la sua influenza per difendere le ingiustizie della comunità afroamericana in America e ha ispirato innumerevoli altre star dello sport a lottare per ciò in cui credono. Gli è stato detto di "stare zitto e palleggiare", anche se questo non è chiaramente nella sua natura. Vuole fare la differenza e continuerà a usare la sua piattaforma per ispirare il cambiamento. Inoltre, non ha mai dimenticato la sua comunità di Akron e continua a sostenere la sua città in ogni modo possibile.

Vi invito ora a considerare l'impatto di LeBron sul mondo. Avete tutte le conoscenze necessarie su di lui per riflettere sulla sua eredità. È il più grande giocatore di basket di tutti i tempi? È l'attivista sportivo più influente nel clima attuale?

Dove pensate che andrà la carriera di LeBron? Pensate che avrà la possibilità di vincere un altro campionato con i Los Angeles Lakers o forse anche con un'altra squadra? Come sarà quando suo figlio entrerà nell'NBA nel 2024 e dove lo porterà la sua carriera? Si ritirerà davvero a questo punto o forse resterà ancora per qualche anno nella lega?

Mi piacerebbe sentire le vostre opinioni, quindi vi prego di lasciare un voto e una recensione con i vostri fatti preferiti su LeBron e quello che considerate il suo più grande successo. Vi invito inoltre a leggere i prossimi libri di questa serie, in cui esplorerò le vite di altri eccezionali giocatori di basket. Alla prossima volta!